VARIÉTÉS SINOLOGIQUES N° 2.

LA PROVINCE

DU

NGAN-HOEI

(avec 2 cartes hors texte)

PAR

LE P. HENRI HAVRET, S.J.

(Réimpression de 1893)

CHANG-HAI.

IMPRIMERIE DE LA MISSION CATHOLIQUE

ORPHELINAT DE T'OU-SÈ-WÈ.

1903.

VARIÉTÉS SINOLOGIQUES N° 2.

LA PROVINCE

DU

NGAN-HOEI

(avec 2 cartes hors texte)

PAR

LE P. HENRI HAVRET, S.J.

(Réimprimé de 1893)

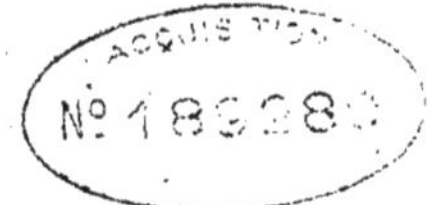

CHANG-HAI.

IMPRIMERIE DE LA MISSION CATHOLIQUE

ORPHELINAT DE T'OU-SÈ-WÈ.

1903.

AVERTISSEMENT.

Les notes qui suivent ont été rédigées il y a plus de deux ans, pour répondre à une invitation de la «Royal Asiatic Society» dont on pourra lire plus bas le programme.

Les termes de ce dernier m'ont renfermé dans d'assez étroites limites, dont je me suis efforcé de ne point sortir. Auprès de ceux qui me trouveraient incomplet, ce sera mon unique excuse.

J'ai du reste l'espoir de compléter un jour les lacunes de cette première étude, ayant à ma disposition et en abondance des documents qui me permettraient de traiter le point de vue historique, laissé absolument de côté dans le présent essai, et aussi d'enrichir dans de vastes proportions la nomenclature géographique du *Ngan-hoei*.

A mon ancienne rédaction, reproduite ici textuellement, je me suis contenté d'ajouter quelques notes, lorsque les faits survenus depuis l'été de 1890, m'ont semblé l'exiger. Un nouveau chapitre offrant les Tableaux administratifs a été également introduit; j'aurais voulu y joindre plusieurs itinéraires empruntés aux Guides chinois, mais le peu de sûreté de ces sources, qu'il m'est impossible de contrôler aujourd'hui, en l'absence de mes notes personnelles de voyages, brûlées à *Ou-hou* en Mai 1891, m'ont obligé de remettre à plus tard ces renseignements utiles, qui ont besoin d'une plus longue préparation.

Puisse ce travail, tout incomplet qu'il est, servir à quelques «hommes de bonne volonté», et encourager plusieurs autres missionnaires à tenter, pour la province chinoise qu'ils habitent, une semblable étude.

Zi-ka-vei, près Chang-hai, 2 Février 1893.

INLAND COMMUNICATIONS

China Branch of the Royal Asiatic Society,
Shanghai, 10*th February* 1890.

Sir,

The Council of the China Branch of the Royal Asiatic Society are desirous of collecting particulars regarding the Roads and Means of Communication in China, and will be greatly obliged if you will furnish them with information on the points suggested below, or on such other matters as may appear to you likely to be of interest in connexion with these subjects.

Main roads.

A. — What are the main roads in your Province connecting —

(1.) With the interior,
(2.) With the Capital,
(3.) With the coast.

Do these roads follow a natural line, or is their course consequent on artificial restrictions, in the shape of custom houses or the like?

Ancient roads.

B. — Are there any ancient roads in your Province? What is their condition, and that of the modern roads? Is any attention paid by officials or local committees to their maintenance?

Bridges, etc.

C. — Are there any noteworthy bridges, viaducts, or tunnels in your Province?

Trade routes.

D. — What are the main trade routes in your Province?

Conveyances.

E. — What is the usual mode of conveyance —

(1.) For passengers,
(2.) For goods.

Rateo and cst of travel.

F. — What is the usual rate of travel *per diem* for travellers, and what is the average cost per 100 *li*?

G. — What is the average cost of carriage of goods per 100 *li*, and at what rate are they usually caried? Is the standard one of bulk or of weight? Cost and rate of carriage of goods.

H. — Are the roads safe for travel at all seasons of the year, or are they periodically infested by brigands or rendered impassable by floods? Security of travel.

I. — Are there any inns available for travellers? Accommodation for travellers.

Any statistics regarding the number of travellers using the main roads and waterways, or relating to the quantity of goods carried along them, will also be esteemed of great value.

It is asked that any information on the above subjects may be addressed to —

The Honorary Secretary,
China Branch of the Royal Asiatic Society,
Shanghai;

and, if possible, in time to reach him before the end of September 1890.

I am, Sir,
Your obedient Servant,
WM. BRIGHT,
Hon. Secretary.

NGAN-HOEI.

(安 徽 省)

A. — GÉNÉRALITÉS.

POSITION. POPULATION. RESSOURCES.

La dénomination 安 徽 *NGAN-HOEI*, que certains auteurs ont faussement traduite «Bourgs pacifiques» (El. Reclus), ou encore «Société pacifique» (Antonini), tire son origine des deux principales préfectures (府) de cette province, *NGAN-k'ing* (安 慶) et *HOEI-tcheou* (徽 州). *Nom.*

C'est de la même façon du reste que l'expression 江 蘇 *KIANG-SOU* emprunte ses éléments aux deux cités de *KIANG-ning* (江 甯) ou *Nan-king*, et de 蘇 州 *SOU-tcheou*.

La seule ignorance des caractères chinois peut excuser les auteurs susnommés, dont le premier traduit *Kiang-sou* par «Coulées du Fleuve», et le second donne à *Ngan-k'ing* le sens de «Cour de la paix» au lieu de «Paix et joie» (1).

La province du *Ngan-hoei* est contiguë à cinq provinces différentes. A l'Est et au Nord-Est, elle est bornée par la province du *Kiang-sou*, avec laquelle elle formait jadis le *Kiang-nan* (江 南). Au Nord-Ouest, elle confine au *Ho-nan* (河 南). Au Sud-Ouest, elle est limitée par le *Hou-pé* (湖 北) et le *Kiang-si* (江 西). Enfin la partie Sud-Est est limitrophe du *Tché-kiang* (浙 江). *Limites.*

Le *Ngan-hoei*, compris entre le 29ᵉ et le 34ᵉ parallèles Nord, s'étend du 112ᵉ au 116ᵉ méridien (de Paris). Sa longueur moyenne, du Nord au Sud, est ainsi d'environ 550 kilomètres, et sa largeur, de l'Est à l'Ouest, de 350 kil. *Position géographique.*

La forme générale est celle d'un ovale, dont le grand axe, orienté du Nord au Sud, est légèrement déjeté vers l'Ouest, à sa partie supérieure, tandis que la portion S. O. de la figure, ainsi que le milieu du pourtour Est, offre de vastes échancru- *Forme.*

---

(1) Ainsi l'on a faussement pris, trompé par la similitude des sons, 徽 pour 會, 慶 pour 京, et peut-être 蘇 pour 溯.

res, où s'engagent, comme des tenons dans leurs mortaises, les territoires des provinces voisines (V. les cartes ci-jointes) (1).

Surface. Le général Mesny attribue au *Ngan-hoei* une surface de 48.460 milles carrés, soit environ 125.000 kilom. carrés. Ce chiffre nous semble un *minimum.*

Population. En l'absence de documents officiels d'une valeur sérieuse, il est difficile de déterminer le chiffre de la population d'une façon exacte.

Un recensement de tout l'empire, opéré la 26e année de *K'ien-long* (乾 隆), accusait pour le *Ngan-hoei* une somme de 22.761.030 habitants (1761).

A un siècle de distance (1857), quelques années avant les désastres causés par les rebelles *T'ai-p'ing*, Klaproth estimait la population de notre province à trente-quatre millions.

Les pertes infligées au *Ngan-hoei* par la rébellion, ne sont point encore complètement réparées. Bien que la nativité de ces 25 dernières années, et l'introduction dans cette province d'une foule considérable d'immigrants venus surtout du *Hou-pé*

---

(1) C'est à l'obligeance du Père Aug. Pierre que nous sommes redevable de ces cartes. Il s'est servi, pour les tracer : 1° De la carte dressée au commencement du 18e siècle par les Jésuites ; les longitudes et latitudes indiquées au 4e vol. du P. du Halde on été scrupuleusement conservées ; les points observés étaient les suivants : *Po-tcheou*, *Mong-tch'eng*, *Ling-pi*, *Fong-yang-fou*, *Ting-yuen*, *Lai-ngan*, *Liu-tcheou*, *Ho-chan*, *Liu-kiang*, *Ngan-k'ing*, *Tch'e-tcheou*, *T'ai-p'ing-fou*, *Ning-kouo-fou*, *Tsing-té*, *Hoei-tcheou et Toan-yao-tchen* (段窰 [*al.* 腰] 鎮). 2° De la carte chinoise rééditée en fascicules à *Ou-tch'ang-fou* (1863), laquelle paraît n'être qu'une reproduction du travail des anciens missionnaires. 3° Des cartes marines, qui ont donné le cours du *Kiang* et quelques points particuliers. 4° Des notes et observations personnelles de plusieurs missionnaires. 5° Des routiers chinois, tels que 示我周行 et 天下路程. 6° Des *Chroniques générales du Ngan-hoei* 安徽通志, édition de 1878. 7° Enfin des cartes militaires de l'ouvrage 長江圖說, paru en 1871.

Nous ne garantissons pas la parfaite exactitude de la délimitation des préfectures entre elles. Sur plusieurs points, ce tracé n'est qu'approximatif.

Il y a malheureusement peu d'espoir que d'ici longtemps nous ayons une carte plus parfaite, et il ne semble pas en tout cas, que nous devions l'attendre de l'intelligence du gouvernement chinois. Il est vrai qu'à la suite d'un décret impérial (4 Septembre 1886) constituant un Bureau (館) pour la refonte de l'ouvrage 會 典, des instructions ont été données plusieurs fois aux autorités provinciales, pour qu'elles eussent à refaire la carte des contrées soumises à leur juridiction. Mais il ne suffit pas d'un décret pour former des géographes : l'ignorance grossière des mandarins, à qui incombait une tâche si nouvelle, était un sûr garant que l'entreprise avorterait ; et les missionnaires du *Ngan-hoei*, consultés par de graves lettrés commis à ces fonctions, ont pu constater plus d'une fois et l'incapacité de ces derniers, et la parfaite naïveté du gouvernement central.

et du *Ho-nan*, aient comblé une partie des vides formés par la guerre civile, il reste encore dans plusieurs régions des traces d'anciennes cultures aujourd'hui délaissées, qui attestent dans le passé une population plus nombreuse que celle de nos jours.

Aujourd'hui pourtant, le général Mesny donne encore au *Ngan-hoei* trente-quatre millions d'habitants. Ce chiffre nous paraît exagéré. Nous croyons toutefois qu'il se rapproche plus de la vérité que celui de neuf millions, indiqué par les agents de M. Hudson Taylor, mais manifestement insuffisant pour quiconque a visité cette province, surtout dans sa partie Nord.

En adoptant comme terme moyen le chiffre de 25 millions d'habitants, nous croirions assigner le *minimum* de la population actuelle.

Ces données nous permettent de fixer la densité de la po- *Densité.* pulation à 200 habitants par kilomètre carré, la même sensiblement que celle de la Belgique. Ajoutons, pour être vrai, que cette moyenne, étant loin d'être atteinte dans certaines parties montagneuses du *Ngan-hoei*, se voit en conséquence augmentée d'une façon notable dans les grandes vallées, et surtout dans l'immense plaine qui borde la rive gauche de la rivière *Hoai*.

La diversité des sites et des terroirs, les facilités plus ou *Richesse.* moins grandes de communication, établissent des nuances importantes entre les différentes parties du *Ngan-hoei*, au point de vue de la richesse. Les *Chroniques* indigènes rendent bien compte de ces inégalités dans ce texte que nous leur empruntons : 其間土壤有肥磽、形勢有衝僻、… 風俗有奢儉、互有差池、不可一律衡量也、 «Dans cette province, il y a des terrains fertiles et d'autres arides, des localités très fréquentées, d'autres presque désertes ; … ici les habitants sont prodigues, là ils sont économes. Tout comporte de nombreuses différences, et l'on ne saurait mesurer des choses si diverses par une règle unique.»

Ce mot de prodigalité (奢), tombé du pinceau de notre chroniqueur, aurait quelque lieu de nous étonner, si nous ne savions combien il faut peu à un Chinois pour s'estimer heureux de son sort. En réalité, la population du *Ngan-hoei*, presque exclusivement agricole, vit dans l'indigence, et «lutte pour la vie» au jour le jour, comme celle des autres provinces.

Outre le nombre trop considérable des habitants, outre la *Agriculture.* lenteur de leurs procédés de culture, l'imperfection de leur outillage, il faut chercher la raison de cette misère, qui semblerait insupportable à nos paysans de France, dans l'égoïsme et l'incurie totale qui caractérisent l'administration des «pères et mères du peuple» à tous les degrés de la hiérarchie. Devant être bref et discret, nous nous bornerons à citer plus tard, au courant de ces notes, quelques faits significatifs concernant les travaux publics.

A part quelques industries locales que nous relaterons en *Industrie.*

leur lieu, le *Ngan-hoei*, nous l'avons dit, ne vit guère que de la culture. Une seule préfecture fait exception à la loi générale; c'est celle de *Hoei-tcheou*. Déjà de son temps, le Père du Halde caractérisait ainsi les habitants de ces montagnes: «Ils passent pour être très habiles dans le commerce; il n'y a point de ville, tant soit peu marchande, où il ne se trouve des Marchands de *Hoei-tcheou*; ni de Banque, ou de Change, où ils ne soient parmi les principaux intéressez.»

Ce témoignage est encore vrai de nos jours. «Hardi et entreprenant dans le négoce», le peuple de *Hoei-tcheou* laisse aux femmes la garde de ses maisons, il afferme à des étrangers la culture de ses vallées, puis il s'en va au loin chercher une fortune que la terre lui refuserait. Cette remarquable aptitude des habitants du *Hoei-tcheou* est consacrée par ce proverbe que toute la Chine connait: 無徽不成事. (*al.* 市) «Il ne se traite point d'affaires (il ne se tient pas de marchés) sans les gens de *Hoei*.»

DIVISIONS DU *NGAN-HOEI*. RIVIÈRES. MONTAGNES.

Trois segments.

Deux grands cours d'eau divisent le *Ngan-hoei* en trois segments d'inégale importance: vers le Nord, la rivière ou fleuve *Hoai* (淮), au Sud le *Yang-tse-kiang* (揚子江) ou fleuve Bleu. Les deux bassins ne communiquent pas entre eux sur le territoire de cette province, mais des lacs fort étendus et le Grand Canal des Transports unissent plus bas les eaux de ces fleuves, dans les terrains d'alluvion du *Kiang-sou*.

La Hoai.

En 1888 et 1889, la *Hoai*, dont les fortunes ont été bien diverses aux différentes époques de son histoire, recevait dans son lit une partie notable des eaux du fleuve Jaune. C'est le *Cha-ho* (沙河), *Canal des Sables*, qui drainait dans le *Ho-nan* les eaux débordées du *Hoang-ho* (黃河), et les versait dans la *Hoai*, à la hauteur de *Tcheng-yang-koan* (正陽關), après avoir inondé dans son cours inférieur de vastes campagnes.

Cours.

Depuis que les digues du fleuve Jaune sont réparées, la *Hoai* a repris son cours pacifique. Ce n'est point à dire toutefois qu'elle ne cause aucun dommage aux contrées qu'elle traverse. Chaque année, à l'époque des crues, les campagnes de la rive gauche, qu'elle côtoie dans son cours inférieur avant de se jeter dans le lac *Hong-tché* (洪澤湖), ont à souffrir de ses envahissements. Une partie des digues en terre qui protègent les riverains se crève chaque été sous l'effort du flot, et c'est ainsi notamment que les terres basses de la sous-préfecture de *Ou-ho* (五河縣) restent couvertes d'eau plusieurs mois de l'année.

Le cours de la *Hoai* est de l'Ouest à l'Est, avec une inflexion d'environ 35° vers le Nord. Sa largeur varie entre 150 et 400 mètres.

Insuffisance du drainage. La nature meuble des terrains qu'arrose cette rivière, le peu d'inclinaison de son cours, le manque total de curage de ses affluents, contribuent sans cesse à rendre plus difficile et plus lent le drainage de la plaine alluviale, qui s'étend sur sa rive gauche jusqu'au bassin du *fleuve Jaune*.

La plaine du Nord. Plusieurs des affluents de la *Hoai* indiqués par les anciennes cartes chinoises et même plus récemment par les missionnaires Jésuites, géographes de *K'ang-hi*, des lacs importants signalés autrefois dans la même région, ont aujourd'hui complètement disparu, au grand détriment des populations rurales, qui voient trop souvent leurs moissons menacées par le double fléau de l'inondation ou d'une extrême sécheresse.

Le Kiang. Le fleuve Bleu ou *Kiang* traverse le *Ngan-hoei* sur un parcours de 310 kilomètres, restant sensiblement orienté du Sud-Ouest au Nord-Est. Sa largeur, aux eaux basses, va par endroits jusqu'à 4 kilomètres, tandis que sur d'autres points, les canaux utilisés toute l'année par les steamers ont à peine 400 mètres d'une rive à l'autre. Les cartes marines indiquent pour la même saison des profondeurs moyennes de 8 à 10 brasses (15 à 18 mètres) pour le chenal du fleuve (1).

Rives. A la différence de la *Hoai*, dont la rive droite seule s'appuie sur un système de collines à peu près continu, le *Kiang* s'est creusé son lit au milieu d'une large vallée, dont les hauteurs les plus éloignées se montrent toujours à l'horizon. Les atterrissements qui lui sont dus sur ses deux rives sont considérables.

Atterrissements. Sur la rive gauche, les sous-préfectures de *Sou-song* (宿 松) et de *Wang-kiang* (望 江), une partie de la préfecture de *Ngan-k'ing*, des sous-préfectures de *T'ong-tch'eng* (桐 城), *Ou-wei* (無 爲 州) et de la préfecture de *Ho-tcheou* (和 州), doivent leur

---

(1) Comme nous voulons donner de simples notes et non point faire une peinture, nous nous abstiendrons de louer la beauté des sites que présente le fleuve dans notre province; du reste, de nombreux voyageurs en ont fait la description, et il me suffira de citer quelques lignes de l'un d'entre eux, H. Ellis, commissaire de l'ambassade anglaise de 1816. "31st of October. — The scenery "on the banks is highly picturesque; the hills have great variety of elevation, "and are covered with woods, the trees at this season exhibiting the most varied "and vivid autumnal tints... 1st of November. — Mountain, hill, valley, stream "and woods, present themselves to the eye under the most picturesque combi-"nations: the climate is delightful, and if mere beauty of scenery could re-"move ennui, ours would be a pleasant journey..." Si l'implacable spleen poursuivait le voyageur anglais jusqu'au milieu de ce tableau enchanteur, qu'eût-il pensé, qu'eût-il dit, s'il avait navigué dans ces eaux par les chaleurs accablantes d'été?

existence aux dépôts dont ses eaux sont chargées. A l'époque des crues, le *Kiang* refoule encore jusqu'au lac *Tch'ao* (巢湖) dans le cœur du *Liu-tcheou-fou* (廬州府), le cours des émissaires de cette contrée lacustre entièrement conquise par la population.

Les 3 Kiang. D'autre part, c'est sur la rive droite, que les deux anciennes branches du *Kiang* désignées par les *Chroniques générales* (通志) de la province, sous les noms de *Tchong-kiang* et de *Nan-kiang*, «Fleuve du Milieu» et «Fleuve du Sud», se détachaient de la branche du Nord, qui subsiste seule aujourd'hui (1).

---

(1) *Tchou-Tch'ang-wen* (朱長文) mentionnait en 1084, dans son ouvrage 吳郡圖經續記, l'existence antérieure de ces trois branches du fleuve, dans lesquelles il croyait reconnaître les *San-kiang* 三江 du "Tribut de Yu." Quoi qu'il en soit de cette identification qu'il défend contre plusieurs explications opposées, il nous représente comme certain le fait de cette ancienne division du *Kiang*. "Les trois *Kiang*, écrit-il, sont ceux du Nord, du Milieu et "du Sud. Celui du Nord (北江) passait par *P'i-ling* (毘陵, aujourd'hui "*Kiang-yn* 江陰); c'est le Grand *Kiang* actuel. Plus haut, un embranche- "ment partant de *Ou-hou* (蕪湖) se dirigeait vers l'Est et gagnait *Yang-yen* "陽羨, aujourd'hui *I-hing* 宜興): c'était le *Kiang* Moyen (中江). "Une autre branche partait de *Che-tch'eng* (石城, aujourd'hui *Tch'e-tcheou* "池州), passait à *Wan-ling* (宛陵, aujourd'hui 甯國) et gagnait le lac "*Kiu-k'iu* (具區, le *T'ai-hou* 太湖 actuel); c'était le *Kiang* du Sud "南江. Les trois *Kiang* se trouvaient ainsi à différentes hauteurs par "rapport au lac et se jetaient dans la mer."

Les *Chroniques générales du Ngan-hoei* (Vol. 21. *Cartes* 圖說. Vol. 28 et 27. *Montagnes et cours d'eau* 山川) nous fournissent d'intéressants détails sur les deux branches du fleuve aujourd'hui disparues. J'en donne ici la traduction.

"*Kiang* du Milieu: au Sud-Ouest de la sous-préfecture de *Ou-hou*; c'est le "*Tchong-kiang*, dont parle l'*Histoire des Han* (漢書. 地理志); il partait "du Sud-Ouest de *Ou-hou* et allait à *Yang-yen*, d'où il gagnait la mer. Vers la "fin des *T'ang* (唐, fin du 10e siècle), cinq barrages furent élevés à *Yn-lin* "(銀林) sur l'ancien parcours de cette branche, dont les eaux étaient jusque- "là reçues en aval par les territoires de *Sou-tcheou* (蘇州) et de *Tch'ang-* "*tcheou* (常州). Depuis lors, l'ancien cours moyen du *Kiang* écoule ses eaux "du côté de l'Ouest, au lieu de le faire par l'Est comme jadis. Le parcours de "l'ancien lit est tracé par le canal dit aujourd'hui *Hien-ho* (縣河), lequel, "partant de *Ou-hou* et passant par *Hoang-tch'e* (黃池), pénètre dans les lacs "de *Tan-yang* (丹陽) et de *Che-k'ieou* (石臼). Cette voie d'eau fut ou- "verte dans l'ancien lit par des travaux entrepris en 1125. — *Kiang* du Sud: "à l'Ouest de la sous-préfecture de *Koei-tch'e* (貴池), aujourd'hui desséché. "C'est le *Nan-kiang* de l'*Histoire des Han* (l. cit.). Les eaux du fleuve se sépa- "raient à *Che-tch'eng* (sc. *Tch'e-tcheou* ou *Koei-tch'e*) et une branche gagnait à "l'Est la sous-préfecture de *Yu-yao* (餘姚 dans le *Tché-kiang*), au Sud de

Le bras du milieu, partant des terres basses de *Ou-hou* (蕪湖) à 439 kilomètres de l'embouchure actuelle, se dirigeait vers l'Est, à travers la région lacustre qui trace les limites du *Kiang-sou*, jusqu'à la pointe Nord du *Grand Lac* ou *T'ai-hou* (太湖), d'où il gagnait ensuite la mer, en traversant la plaine actuelle de *Chang-hai*. Tchong-kiang.

Aujourd'hui encore, un vaste cours d'eau reliant la ville de *Ou-hou* à celle de *I-hing* (宜興) et au lac *T'ai-hou*, en passant par les sous-préfectures de *Kao-choen* (高淳) et de *Li-yang* (溧陽), perpétue le souvenir du *Tchong-kiang* et marque la trace de son ancien cours. Seulement, de nos jours, deux digues ou barrages en pierres, connus sous le nom de *Tong-pa* (東垻), coupent vers son milieu ce cours d'eau, et empêchent les eaux du *Kiang* de se précipiter dans les plaines du *Kiang-sou*. Tong-pa.

Une seule digue en terre s'opposait jadis à la communication des eaux entre les deux bassins. Sa rupture, qui eut lieu en 1849 sous l'effort des eaux refoulées de l'Ouest jusque dans le lac *Kou-tch'eng* (固城, ou 小南湖), et les ravages que cet accident occasionna dans plusieurs préfectures du *Kiang-sou*, déterminèrent la construction des digues actuelles. Le bras

---

"*Sou-tcheou*, puis se jetait dans la mer. D'après le 水經注, cette bran-"che, partant de *Che-tch'eng*, se dirigeait vers l'Est, se mêlait aux cours d'eau "貴長池, puis traversait la sous-préfecture de *Lin-tch'eng* (臨城, au-"jourd'hui *Ts'ing-yang* 青陽), se mêlait aux eaux de 涇 et plus loin à "celles de 桐; plus à l'Est, elle traversait la sous-préfecture de *Ngan-ou* (安吳, "ancienne ville à 50 *li* S. O. de *King-hien* 涇縣), recevait les eaux de "旋溪, passait au Sud de la sous-préfecture de *Ning-kouo* (甯國), puis "entre *Kou-tchang* et *Ngan-ki* (故漳 *al.* 鄣, aujourd'hui *Tch'ang-hing* "長興, et 安吉, deux sous-préfectures du *Tché-kiang*); enfin ses eaux al-"laut vers le Nord-Est, formaient le lac 長瀆歷, qui se versait dans celui "de *Kiu-k'iu* (i. e. *T'ai-hou* actuel). A partir des dynasties *Soei* (隋 581 à 618) "et *T'ang* (618 à 906) les *Chroniques* ne font plus mention de cette ancienne "branche du *Kiang* : aussi de nos jours accuse-t-on *Mong-kien* (孟堅) et *Tao-"yuen* (道元) d'erreur; mais leurs affirmations sont trop précises et trop fon-"dées pour être si légèrement révoquées en doute, bien que maintenant nous ne "reconnaissions plus l'ancien lit du fleuve."

Pan Mong-kien (班, *al.* 班固) qui vivait de l'an 32 à 92 de l'ère chrétienne, est l'historien des *Han* antérieurs (前漢, de 206 av. J. C. à 23 ap. J. C.). Quant à *Li Tao-yuen* (酈) auteur du *Choei-king-tchou*, il existait vers la fin du 5e siècle.

On le voit, ces textes sont précis, et l'antiquité qui leur est attribuée leur donne quelque crédit; je regrette de n'avoir pu, depuis qu'ils sont arrivés à ma connaissance, vérifier personnellement sur les lieux leur bien fondé, en ce qui concerne la branche du Sud. Espérons qu'un jour, quelque voyageur plus heureux que moi, pourra suivre, un baromètre à la main, la route indiquée par *Li Tao-yuen*, il y a quatorze siècles.

d'eau, qui conduit du barrage supérieur (上埧) au barrage inférieur (下埧), a 6 kilom. de longueur et a été réduit pour plus de sûreté, aux proportions d'un canal assez étroit. De niveau avec les eaux du lac *Kou-tch'eng*, il domine d'environ 20 pieds les eaux du bassin inférieur (1).

Transit.

Tong-pa est le centre d'un commerce assez actif; il possède des entrepôts. Les principales denrées échangées entre les deux bassins sont l'huile de fèves et le riz; mais les difficultés d'un double transbordement confinent l'intérêt de ces transactions dans un territoire de petite étendue.

Nan-kiang.

La branche du Sud se détachait de celle du Nord à la hauteur de *Tch'c-tcheou* (池州府), 137 kilom. plus haut que la précédente, traversait les vallées de *Ning-kouo* (寧國府) qu'elle remplit peu à peu de ses sables, puis mêlant ses eaux à celles du *Grand Lac* dont les bords sinueux portent encore la trace de son action, elle sortait vers le Sud et pénétrait dans la mer vers la baie de *Hang-tcheou* (杭州府), qui lui doit en grande partie l'exhaussement de ses fonds.

Wan-cheng.

Ngan-k'ing, le chef-lieu actuel du *Ngan-hoei*, portait autrefois le nom de *Wan* (皖). C'est en mémoire de cette ancienne dénomination que, de nos jours encore, les documents officiels et les pièces de littérature désignent sous les noms de *Wan-nan* et de *Wan-pé* les portions de cette province, qui se trouvent sur la rive droite (Sud) et sur la rive gauche (Nord) du *Yang-tse-kiang*. Une montagne élevée et célèbre par ses pagodes, située au Nord-Ouest de *Ngan-k'ing*, porte encore aujourd'hui la dénomination de 皖山.

---

(1) “東埧 *Tong-pa* communique par eau avec 鄧埠 *Teng-pou* et 無錫 *Ou-si* à l'Est; avec 高淳 *Kao-choen* et 蕪湖 *Ou-hou* à l'Ouest; avec 廣德 *Koang-té* et 思安 *Se-ngan* au Sud; avec 溧水 *Li-choei* et 江甯府 *Kiang-ning-fou* au Nord; avec 溧陽 *Li-yang* et 宜興 *I-hing* au Nord-Est; avec 金壇 *Kin-t'an* et 丹陽 *Tan-yang* au Nord-Est; avec 寧國府 *Ning-kouo-fou* au Sud-Ouest; avec 太平府 *T'ai-p'ing-fou* au Nord-Ouest. Originairement ce barrage n'existait pas; les eaux venues du *Ning-kouo-fou*, du *Hoei-tcheou*, du *Koang-té* et de *Kien-p'ing* passaient par *Sou-tcheou* et *Ou-kiang* (吳江) et se rendaient à la mer par les rivières 劉家河 *Lieou-kia-ho* et 松江 *Song-kiang*. En 1368, les eaux inondèrent les moissons du territoire de *Sou-tcheou;* à la requête du ministère des finances (戶部), *Tong-pa* fut construit et les eaux dirigées vers le *Kiang*, par *T'ai-p'ing* et *Ou-hou*; à la suite de ces travaux, une partie des terrains de 高淳 *Kao-choen* à 黃池 *Hoang-tch'e* fut convertie en lac, et leur part de contribution pour le tribut fut reportée sur les préfectures de *Sou-tcheou* et de *Song-kiang*.”

La note qui précède est extraite du *Routier* 示我周行 (1er Vol. 築埧原由說); elle ne contredit pas les allégations données plus haut d'après les *Chroniques*, mais elle les complète, en nous parlant de nouveaux travaux entrepris au 14e siècle sur ce point dangereux de l'ancien cours du *Nan-kiang*.

Il sera bon de donner ici une description sommaire des trois segments dont nous avons parlé plus haut. Wan-nan.

Celui du Sud, qui, comme nous l'avons dit, se confond avec le *Wan-nan*, comprend 5 préfectures, dont 4 *Fou* et un *Tcheou*. On peut voir sur le tableau que nous joignons à ces notes, que 3 de ces préfectures, *Hoei-tcheou*, *Ning-kouo* et *Tch'e-tcheou* (徽州府, 甯國府 et 池州府), ont chacune 6 *Hien* ou sous-préfectures sous leur juridiction. Le 4e *Fou*, *T'ai-p'ing* (太平府), n'en compte que 3; enfin le préfet de *Koang-té-tcheou* (廣德州) ne compte qu'un subordonné, le sous-préfet de *Kien-p'ing* (建平縣).

L'Intendant régional (*Tao-t'ai* 道臺) qui a charge du *Wan-nan*, et dont la résidence est fixée à *Ou-hou*, administre ainsi 22 sous-préfectures.

Les rivières qui arrosent cette région sont généralement torrentueuses. Seules, les parties basses de celles qui se jettent dans le *Kiang* ont un cours relativement régulier; de même que sur la rive gauche du fleuve, les vallées d'alluvion qui doivent leur existence à ses dépôts, voient souvent les eaux des crues du *Yang-tse* remonter assez loin à l'intérieur des terres. *Cours d'eau.*

Tandis que les eaux venues des 4 préfectures les plus septentrionales du *Wan-nan* s'écoulent vers le Nord et gagnent assez directement le fleuve Bleu, la préfecture de *Hoei-tcheou*, étagée sur le versant opposé, envoie les siennes dans des directions différentes. Une partie de ces eaux, après avoir traversé les sous-préfectures de *K'i-men* (祁門) et de *Ou-yuen* (婺源), se dirigent par le S. O. vers le *Kiang-si*, où le lac *P'o-yang* (鄱陽湖) les reçoit pour les rendre ensuite au *Yang-tse* par la passe de *Hou-k'eou* (湖口). Les torrents qui se forment dans les 4 autres sous-préfectures, après s'être réunis en un seul bras au-dessous de *Hoei-tcheou-fou*, pénètrent dans le *Tché-kiang* et se jettent dans la mer à *Hang-tcheou*. *Bassins.*

Une série d'accidents, qu'il est inutile de rapporter ici, m'a empêché de prendre la hauteur des principales montagnes que j'ai traversées au cours de mes voyages dans le *Wan-nan*. La préfecture de *Hoei-tcheou*, dont les habitants se disent avec complaisance 萬山之中 «au milieu des dix mille montagnes», peut revendiquer en toute justice, l'honneur des positions les plus élevées. Son système montagneux est très enchevêtré, et ses vallées multipliées à l'infini atteignent rarement une largeur de quelques centaines de mètres. *Montagnes.*

Les limites Sud du *Tch'e-tcheou-fou* et du *Ning-kouo-fou* sont aussi couvertes de chaînes d'une belle altitude; puis, à mesure qu'on gagne le Nord, les pentes s'abaissent insensiblement et deviennent de simples collines aux approches du *Kiang*. Quelques-unes de ces dernières, relevées par les hydrographes du fleuve, mesurent encore 1500 pieds.

Le *Wan-pé*, qui comprend les deux segments Nord du Wan-pé.

Ngan-hoei, est divisé en 8 préfectures, dont 4 de 1ère classe *(Fou)* et 4 de seconde *(Tcheou)*, embrassant un total de 33 sous-préfectures (29 縣 et 4 散 州).

Deux Intendants sont préposés à cette vaste région. Le *Tao-t'ai* du Nord a sa résidence à *Fong-yang-fou* (鳳 陽 府). Trois des quatre préfectures qui sont de son ressort sont à cheval sur la rivière *Hoai*, dont elles commandent les douanes et le commerce. La préfecture de *Fong-yang* compte 7 sous-préfectures; à l'Ouest, celle de *Yng-tcheou*, (潁 州 府) en a également 7, tandis qu'à l'Est, *Se-tcheou* (泗 州) n'en a que trois. *Lou-ngan-tcheou* (六 安 州), qui dépend du même Intendant, a 2 sous-préfectures.

Le *Tao-t'ai* du segment central réside à *Ngan-k'ing*, chef-lieu de la province. Cette ville envisagée comme préfecture compte 6 sous-préfectures dans le territoire qui lui est soumis. La préfecture de *Liu-tcheou* (廬 州 府) en compte 5; celle de *Tch'ou-tcheou* (滁 州) 2; celle de *Ho-tcheou* (和 州) une seule.

Plaine du Nord. Le segment du Nord, nous l'avons dit, est une plaine d'alluvion, due sans doute en majeure partie aux apports du fleuve Jaune, qui y eut son lit à différentes époques de l'histoire. Une population très dense habite cette contrée; ce sont des gens aux mœurs simples et rudes, sans industrie, sans commerce, qui vivent péniblement des produits que leur fournit le sol.

Dépressions. De loin, quelques faibles replis de terrain, des dépressions de peu d'importance indiquent l'emplacement d'anciens canaux, que les sables ont peu à peu obstrués. C'est dans ces sortes de sillons, livrés à la culture par un peuple trop nombreux, que, presque chaque année, les eaux pluviales s'amassent, réduisant toute cette vaste région au rôle d'îlots desséchés ou de marais improductifs.

Lacs. Deux lacs importants, signalés par les anciennes cartes entre les villes de *Mong-tch'eng* (蒙 城), *T'ai-ho* (太 和) et *Yng-tcheou-fou*, semblent disparus aujourd'hui. C'est en vain que j'ai interrogé les indigènes au sujet de ces lacs 清 油 湖 et 亙 莊 湖; ils en ont perdu jusqu'au souvenir (1).

---

(1) J'ai cependant retrouvé dans les *Chroniques générales du Ngan-hoei* la mention du premier de ces lacs. Voici ce que nous lisons, à propos de la rivière 芡 河 *K'ien-ho*, laquelle se trouve sur la rive gauche de la *Hoai*, entre la *Kouo* et la *Fei*: "Cette rivière prend sa source au lac *Ts'ing-yeou-hou* (清油湖) "à plus de cent *li* S. O. et de *Po-tcheou;* elle coule vers le S. O. et traverse les "localités de 花 溝 集 *Hoa-keou-tsi*, 甎 橋 寺 *Tchoan-k'iao-se*, 棗木橋 "*Tsao-mou-k'iao (in Mong-tch'eng-hien)*, 萬 福 集 *Wan-fou-tsi(in Fong-t'ai-*"*hien)*, et se jette dans la *Hoai*, sur les limites du *Hoai-yuen-hien*." La brièveté de cette mention tout à fait incidente, et le peu d'importance du lit de la rivière *K'ien*, que je trouvai complètement desséché, sont un indice que le dit lac est réduit de nos jours à de très modestes proportions, tandis que les cartes du 18e siècle lui donnaient de 20 à 25 *li* de diamètre.

Le régime des rivières dans cette contrée n'a pas moins *Rivières* changé dans ces deux derniers siècles. Deux voyages, faits à la fin de 1888 et vers le commencement de 1890, m'ont permis de réduire notablement le nombre des cours d'eau utiles indiqués dans les cartes levées au commencement du 18e siècle.

Mon premier itinéraire était de *Ou-ho* à *Tcheng-yang-koan*, en passant par les routes du Nord : *Se-tcheou*, *Ling-pi-hien* (靈璧), *Sou-tcheou* (宿州), *Mong-tch'eng-hien*, *K'an-t'oan-tsi* (闞疃集), *Fei-ho-k'eou* (淝河口), *T'ai-ho-hien*, *Yng-tcheou-fou* et *Yng-chang-hien* (潁上). Or voici les cours d'eau que j'ai relevés sur mon routier :

De *Ou-ho* à *Se-tcheou*, la rivière *T'ong* (潼河) est navigable pour des bateaux de moyenne grandeur.

Six kilom. avant d'arriver à *Ling-pi*, la route est coupée par un canal qui envoie vers le S. O. les eaux du N. E., et se réunit sans doute plus bas au *T'ouo-ho* (沱河). A 17 kil. S. S. O. de *Sou-tcheou*, nous avons rencontré le lit d'une rivière desséchée, le *T'ouo-ho* probablement; puis 5 kil. plus loin, dans la même direction, à côté du village de *Nan-p'ing-tsi* (南平集), nous avons traversé en bac la rivière *Koei* (澮河), large en cet endroit d'environ 200 mètres. Cette rivière, navigable seulement sur une petite partie de son cours, m'a-t-on dit, pour les barques de moyenne grandeur mettait en communication *Ou-ho*, avec la ville de *Yong-tch'eng* (永城) dans le *Ho-nan*.

Plus loin encore et toujours dans la même direction, à 3 et 7 kil. de la rivière *Koei*, nous rencontrons les lits desséchés de deux autres cours d'eau.

Enfin 18 kilom. avant d'arriver à *Mong-tch'eng*, et à l'E. N. E. de cette ville, l'on rencontre la *Fei orientale* (東淝河), bras d'eau sans importance.

La ville de *Mong-tch'eng* domine le cours de la rivière *Kouo* (渦河), dont les eaux descendues du *Ho-nan* rencontrent sur leur passage les cités de *Po-tcheou* (亳州), *Kouo-yang-hien* (渦陽), *Mong-tch'eng-hien* et *Hoai-yuen-hien* (懷遠).

La rivière *Fei* (西淝河) qui coule plus à l'Ouest n'est généralement navigable qu'à partir de *K'an-t'oan-tsi*.

Quant au *Cha-ho* (沙河), terme de notre 1er voyage, il nous a paru de beaucoup l'emporter sur les autres cours d'eau du Nord, pour l'activité de son commerce. Il permet de remonter depuis la grande douane de *Tcheng-yang-koan*, jusqu'à *Yng-chang-hien*, *Yng-tcheou-fou*, *T'ai-ho-hien*, et enfin au *Ho-nan*, où il se bifurque pour se diriger à l'Est vers la préfecture de *Tch'en-tcheou-fou* (陳州), à l'Ouest vers le marché très important de *Tcheou-kia-k'eou* (周家口). Il y a 18 mois, quand je descendis cette rivière, la vitesse de ses eaux augmentées de celles du *Hoang-ho* était d'environ 5 nœuds 1/2 (10 kilom.) à l'heure.

Un autre voyage fait plus récemment, aussi par terre, de

Ou-ho à *Hoai-ngan* (淮安府), en contournant par le Nord le lac *Hong-tché*, m'a fait rencontrer 2 cours d'eau dans cette partie N. E. du *Ngan-hoei*. Je traversai le premier à 15 kil. Est de *Se-tcheou*, dans le triste village de *T'ong-ho-tien-tse* 潼河店子. Son pont en ruines, son lit aux trois quarts obstrué me font conjecturer qu'il n'est plus utilisé aujourd'hui pour le commerce. Je n'ai rien observé ensuite qui me rappelât le *Pien-ho* (汴河) des anciennes cartes; mais 25 kilom. plus loin, toujours vers l'Est, à peu de distance du bourg important de *Koei-jen-tsi* (歸仁集) qui se trouve sur la limite du *Kiang-sou*, un cours d'eau d'assez médiocres proportions, que j'ai cru être le *Soei-ho* (睢河) venant du N. O., descendait au Sud vers le lac *Hong-tché*.

Entre ces deux cours d'eau, les seuls que j'ai remarqués jusqu'au Grand Canal des Transports, l'on voit un assez grand nombre de fossés ou d'émissaires courant de l'Est à l'Ouest, et utilisés aux temps des grandes eaux pour les communications locales.

Monticules. Quelques monticules isolés, distribués de loin en loin dans la portion Nord des préfectures de *Fong-yang* et de *Se-tcheou*, font seuls exception à la platitude monotone de la plaine.

Segment du centre. La partie centrale du *Ngan-hoei* est celle qui offre le plus de variété au point de vue topographique. Elle comprend comme quatre zônes ou régions différentes.

L'alluvion. Nous avons déjà parlé de celle qui est due aux sédiments apportés par le *Kiang* sur sa rive gauche.

Les montagnes. Une autre mérite à juste titre le nom de zône montagneuse; adossée vers l'Ouest aux chaînes du *Hou-pé*, elle est circonscrite sur ses autres faces par les villes de *T'ai-hou* (太湖), *Ts'ien-chan* (潛山), *T'ong-tch'eng* (桐城) et *Lou-ngan-tcheou*. J'ai pu mesurer la hauteur de plusieurs montagnes comprises dans ce massif.

L'une de nos chapelles, située sur les limites du *Hou-pé*, à égale distance environ des sous-préfectures de *Ho-chan* (霍山) et de *Yng-chan* (英山), est à 809 mètres au-dessus de la ville de *Ho-chan*. Un pic herbacé, du nom de *Kan-tchong-chan*, contre lequel s'appuie la même chapelle, la domine de plus de 1500 mètres; c'est l'un des plus élevés de la région.

Ici, comme au *Hoei-tcheou-fou*, le système orographique est très compliqué, les élévations sont brusques, les vallées très étroites, les cours d'eau torrentueux.

Les ondulations. Les contreforts de ce massif, s'abaissant peu à peu vers l'Est et le Nord, préparent la venue de la 3e zône, qui s'épanouit en larges ondulations à l'entour du lac *Tch'ao* et jusqu'aux collines qui bordent le *Kiang* et la *Hoai*. Les cours d'eau de cette région sont en général lents et paisibles; et vers le N. O. de *Liu-tcheou-fou*, les deux bassins semblent se confondre, tellement sont insensibles les pentes qui servent à l'écoulement de leurs eaux respectives.

J'ai récemment traversé cette zône vers son milieu. De *Ou-hou* à *Cheou-tcheou* (壽 州), en passant par *Tch'ao-hien* et *Liu-tcheou-fou*, la route serpente sans cesse au milieu de ces replis de terrain et de ces vallons, dont la profondeur ne dépasse pas en général une dizaine de mètres.

Les vallées de l'Est.

Enfin la portion orientale, qui confine au *Kiang-sou*, se distingue de celle qui précède par son aspect sauvage, sa population plus rare, par les chaînes de collines qui découpent sans ordre apparent un sol souvent inculte et désert. J'ai traversé cette région de *Ou-hou* à *Ou-ho*, en passant par *Ho-tcheou*, *Ts'iuen-tsiao* (全 椒) et *Tch'ou-tcheou;* pendant les cinq journées qu'a duré ce trajet, je me suis trouvé souvent dans de mornes solitudes. Seules, des ruines d'anciennes maisons en terre, des traces de culture abandonnée, rappellent que dans ces vallées, sur ces plateaux aujourd'hui en partie délaissés, il y a eu autrefois plus de vie.

Rivières.

Sauf un canal navigable qui se rend à *Lou-ho-hien* (六 合) dans le *Kiang-sou*, et que j'ai traversé en bac à peu près à moitié chemin de *Ho-tcheou* à *Ts'iuen-tsiao*, sauf encore un autre canal que j'ai laissé sur ma droite au sortir de *Tch'ou-tcheou*, je n'ai plus trouvé vers le Nord que des lits de rivières ou des torrents aux trois quarts desséchés. A 30 kil. S. E. de *Ou-ho*, la rivière *Tch'e* (池 河), qui vient de la sous-préfecture de *Ting-yuen* (定 遠), avant de se jeter dans le *Hong-tché-hou*, forme auprès du village *Tcha-kia-tou* un bras d'environ 3 kilom. que l'on traverse en bac.

B. — ADMINISTRATION

CIVILE ET MILITAIRE.

Avant de parler avec quelque détail des différents départements qui composent la province du *Ngan-hoei*, nous croyons utile de donner le tableau de toutes les localités, villes et bourgs, où résident à titre ordinaire les mandarins civils et militaires désignés par l'*Annuaire* officiel. Pour ne pas surcharger ces listes, nous nous sommes contenté le plus souvent, là où la hiérarchie comporte plusieurs degrés subordonnés pour un même endroit, d'indiquer l'office le plus élevé, omettant par exemple pour une sous-préfecture la mention d'un 縣丞 qui y résiderait, ou pour un camp (營) commandé par un 遊擊, la désignation d'un 守備 qui demeurerait au même lieu.

TABLEAU DES LOCALITÉS DU *NGAN-HOEI*

OÙ RÉSIDENT DES MANDARINS CIVILS (1).

PRÉFECTURES ET SOUS-PRÉFECTURES.	AUTRES LOCALITÉS.
安慶府 NGAN-K'ING FOU	
懷甯縣 Hoai-ning hien.........	長楓夾 résid. à 石牌鎮 Che-p'ai-tchen. (9 b) 三橋鎮 San-k'iao-tchen. (9 b) 練潭 Lien-t'an. (P)

(1) Ce tableau est tiré de l'*Annuaire officiel* 搢紳全書, corrigé et complété par les *Chroniques du Ngan-hoei*. Les chiffres suivant les noms de localités indiquent le *rang* (品) de l'office; les lettres a ou b accompagnant un chiffre, désignent respectivement le premier (正) et le second (從) *degrés* de chaque rang. Voici la clef de ces dénominations: outre le Gouverneur provincial 巡撫: 2 b — le Trésorier provincial 布政使: 2 b — et le Grand Juge provincial 按察使: 3 a — qui résident à *Ngan-k'ing*; outre l'Examinateur provincial 學政 résidant à *T'ai-p'ing-fou;* outre les trois Intendants régionaux 巡道: 4 a — dont nous avons indiqué la résidence, il y a les officiers qui suivent: Préfets 知府: 4 b, et 知州: 5 a. — Premier

PRÉFECTURES ET SOUS-PRÉFECTURES	AUTRES LOCALITÉS.
桐城縣 T'ong-tch'eng hien.	六百丈 résid. à 湯家溝 T'ang-kia-keou. (9 b) 練潭鎮 Lien-t'an-tchen. (9 b) 北峽關 Pé-hia-koan. (9 b) 馬踏石 résid. à 樅陽鎮 Ts'ong-yang-tchen. (9 b) 呂亭 Liu-ting. (P) 陶沖 T'ao-tchong. (P)
潛山縣 Ts'ien-chan hien......	天堂寨 résid. à 水吼嶺 Choei-heou-ling. (9 b) 青口 Ts'ing-k'eou. (P)
太湖縣 T'ai-hou hien...........	後部司 résid. à 青石河鎮 Ts'ing-che-ho-tchen. (9 b) 白沙 résid. à 趙家舖鎮 Tchao-kia-p'ou-tchen. (9 b) 小池 Siao-tch'e. (P)
宿松縣 Sou-song hien..........	小孤山鎮 Siao-kou-chan-tchen. (9 b) 楓香 Fong-hiang. (P)
望江縣 Wang-kiang hien.....	華陽鎮 Hoa-yang-tchen. (9 b)
徽州府 HOEI-TCHEOU F.	
歙 縣 Hi hien....................	黃山司 résid. à 阮溪 Yuen-k'i. (9 b) 街口司 Kiai-k'eou-se. (9 b)

et second Assistants de *Fou* 同知 : 5 a, et 通判 : 6 a. — Premier et second Assistants de *Tcheou* 州同 : 6 b, et 州判 : 7 b. — Sous-préfets 知州 : 5 b, et 知縣 ; 7 a — Premier et second Assistants de *Hien* 縣丞 : 8 a, et 主簿 : 9 a — Sous-directeur des études 訓導 : 8 b. — Officier de canton 巡檢 *vulgo* 分司 : 9 b. Quant aux Directeurs des relais de postes officielles 驛丞, non classés (未入流) dans la hiérarchie officielle, nous les désignons par la lettre P.

Notre tableau ne mentionne que les officiers dont la résidence est en dehors des Préfectures et Sous-préfectures. Pour les autres, leur résidence étant normale n'avait pas besoin d'indication particulière, à l'exception de plusieurs premiers Assistants de *Fou* fixés à 無爲州, à 蕪湖, à 宿州.

Quand deux dénominations sont données pour un même office, la première désigne le *titre*, ne rappelant souvent qu'une résidence ancienne; la seconde indique la résidence actuelle de l'officier. C'est ainsi par exemple que, malgré la translation de résidence faite en 1711, de 和尙灘 à 麻埠鎮, l'officier de canton porte encore aujourd'hui le titre de la première localité.

PRÉFECTURES ET SOUS-PRÉFECTURES.	AUTRES LOCALITÉS.
休寧縣 Hieou-ning hien......	汰厦 résid. à 屯溪鎮 T'oen-k'i tchen. (9 b)
婺源縣 Ou-yuen hien...........	項村司 Hang-ts'uen-se (9 b)
祁門縣 K'i-men hien...........	大洪嶺 Ta-hong-ling. (9 b)
黟 縣 I hien.	
績溪縣 Tsi-k'i hien...............	濠寨 résid. à 楊山鄉馮村 Fong-ts'uen *in* Yang-chan-hiang. (9 b)
寧國府 NING-KOUO FOU	
宣城縣 Siuen-tch'eng hien...	水陽鎮 Choei-yang-tchen. (9 b) 青弋江 Ts'ing-i-kiang. (P)
寧國縣 Ning-kouo hien........	岳山司 résid. à 石口鎮 Che-k'eou-tchen. (9 b) 湖樂司 Hou-lo-se. (9 b)
涇 縣 King hien.................	茹麻嶺 Jou-ma-ling. (9 b)
太平縣 T'ai-p'ing hien..........	宏潭 Hong-t'an. (9 b)
旌德縣 Tsing-té hien...........	三溪 San-k'i. (9 b)
南陵縣 Nan-ling hien..........	公館 Kong-koan. (P)
池州府 TCH'E-TCHEOU F.	
貴池縣 Koei-tch'e hien.........	碧湖村 Pi-hou-ts'uen. (8 a) 李陽 résid. à 殷家滙 Yn-kia-hoei. (9 b)
青陽縣 Ts'ing-yang hien.	
銅陵縣 T'ong-ling hien.........	大通鎮 Ta-t'ong-tchen. (9 b)
石埭縣 Che-tai hien	
建德縣 Kien-té hien.............	永豐 résid. à 昭潭街 Tchao-t'an-kiai. (9 b)
東流縣 Tong-lieou hien........	吉陽鎮 résid. en ville. (9 b)
太平府 T'AI-P'ING FOU	
當塗縣 T'ang-t'ou hien.........	采石鎮 Ts'ai-che-tchen (9 b; P) 大信司鎮 Ta-sin-se-tchen. (9 b)
蕪湖縣 Ou-hou hien.............	河口鎮 résid. à 澛港鎮 Lou-kiang-tchen. (9 b; P)

PRÉFECTURES ET SOUS-PRÉFECTURES.	AUTRES LOCALITÉS.
繁昌縣 Fan-tch'ang hien......	荻港 résid. à 春穀鄉 Tch'oen-kou-hiang. (9 b; P) 三山 résid. à 金峨下鄉 Kin-ngo-hia-hiang. (9 b)
廬州府 LIU-TCHEOU F.	
合肥縣 Ho-fei hien................	青陽鎮 Ts'ing-yang-tchen. (9 b) 梁園鎮 Liang-yuen-tchen. (9 b) 官亭鎮 Koan-t'ing-tchen (9 b) 金斗 Kin-teou. (P) 護城 Houo-tch'eng (P) 店埠 Tien-pou. (P) 派河 P'ai-ho. (P) 吳山廟 Ou-chan-miao. (P)
廬江縣 Liu-kiang hien.	
舒城縣 Chou-tch'eng hien.	曉天鎮 résid. à 中梅河鎮 Tchong-mei-ho-tchen. (9 b) 三溝 San-keou. (P) 梅心 Mei-sin (P) 登雲 Teng-yun (P)
無為州 Ou-wei tcheou..........	黃雒河 Hoang-lo-ho. (9 b) 粵龍河 Yué-long-ho. (9 b) 泥汊河 Ni-tch'a-ho. (9 b) 土橋河 T'ou-k'iao-ho. (9 b)
巢 縣 Tch'ao hien..............	柘皐 Che-kao. (9 b) 高井 Kao tsing. (P)
鳳陽府 FONG-YANG FOU	
鳳陽縣 Fong-yang hien........	溪河 K'i-ho. (8 a) 臨淮鎮 Lin-hoai-tchen. (濠梁 Hao-liang). (8 b et 9 b P) 蚌埠集 Pang-pou-tsi. (9 a) 王莊 Wang-tchoang. (P) 紅心 Hong-sin. (P)
懷遠縣 Hoai-yuen hien........	洛河 Lo-ho. (9 b)
定遠縣 Ting-yuen hien.........	鑪橋 Lou-k'iao. (9 a) 池河鎮 Tch'e-ho-tchen. (9 b; P) 張橋 Tchang-k'iao. (P) 永康鎮 Yong-k'ang-tchen. (P)

PRÉFECTURES ET SOUS-PRÉFECTURES.	AUTRES LOCALITÉS.
壽　州 Cheou tcheou..........	正陽鎮 Tcheng-yang-tchen. (6 a et 9 b; P) 姚皐店 Yao-kao-tien. (P) 瓦埠 Wa-pou. (P)
鳳臺縣 Fong-t'ai hien..........	闞疃鎮 K'an-t'oan-tchen. (9 b) 丁家集 Ting-kia-tsi. (P)
宿　州 Sou-tcheou. *(Siu)*.....	時村集 Che-ts'uen-tsi. (9 b) 睢陽 Soei-yang. (P) 大店 Ta-tien. (P) 百善 Pé-chan. (P) 夾溝 Kia-keou. (P)
靈璧縣 Ling-pi hien............	固鎮 Kou-tchen. (9 b; P)
潁州府 YNG-TCHEOU F. 阜陽縣 Feou-yang hien........	沈邱鎮 Chen-k'ieou-tchen. (9 b)
潁上縣 Yng-chang hien.	六十里舖 Lou-che-li-p'ou. (P)
霍邱縣 Ho-k'ieou hien.........	三河尖 San-ho-tsien. (9 b) 開順鎮 résid. à 葉家集 Yé-kia-tsi. (9 b)
亳　州 Po tcheou..................	丁固寺集 Ting-kou-se-tsi. (6 b)
渦陽縣 Kouo-yang hien.........	義門集 I-men-tsi. (9 b)
太和縣 T'ai-ho hien..............	洪山鎮 Hong-chan-tchen. (9 b)
蒙城縣 Mong-tch'eng hien.	陳仙橋 Tch'en-sien-k'iao. (P)
廣德州 KOANG-TÉ TCH.	廣安司 résid. à 焦村堡 Tsiao-ts'uen-pao. (9 b) 杭村堡 Hang-ts'uen-pao. (9 b)
建平縣 Kien-p'ing hien........	梅渚司 Mei-tchou-se. (9 b)
滁　州 TCH'OU TCHEOU	大鎗嶺 Ta-ts'iang-ling. (9 b) 大柳 Ta-lieou. (P)
全椒縣 Ts'iuen-tsiao hien.	
來安縣 Lai-ngan hien.	
和　州 HO TCHEOU	牛屯河 résid. à 烏江鎮 Ou-kiang-tchen. (9 b)
含山縣 Han-chan hien.........	運漕鎮 Yun-tsao-tchen. (9 b) 裕溪河鎮 Yu-k'i-ho-tchen. (9 b)

PRÉFECTURES ET SOUS-PRÉFECTURES	AUTRES LOCALITÉS.
六安州 LOU-NGAN TCH.	和倘灘 résid. à 痲埠鎮 Ma-pou-tchen. (9 b) 馬頭汎 Ma-t'eou-sin. (9 b) 椿樹岡 Tch'oen-chou-kang. (P)
英山縣 Yng-chan hien..........	七引店 Ts'i-yn-tien. (9 b)
霍山縣 Ho-chan hien	上土司 Chang-t'ou-se. (9 b)
泗　州 SE TCHEOU	雙溝鎮 Choang-keou-tchen. (9 b) 舊虹縣 Kieou-hong-hien. (P) 半城鎮 Pan-tch'eng-tchen. (7 b)
盱眙縣 Hiu-i hien.	城門鄉 résid. en ville. (9 b)
天長縣 T'ien-tch'ang hien.	
五河縣 Ou-ho hien.	

TABLEAU DES LOCALITÉS

OÙ RÉSIDENT DES MANDARINS MILITAIRES (1).

PRÉFECTURES ET SOUS-PRÉFECTURES.	AUTRES LOCALITÉS ET OBSERVATIONS.
NGAN-K'ING F. (2 b; 2 b Y)	Cette ville est le centre de deux commandements. Le premier, appelé 安慶協 Régiment de *Ngan-k'ing*, comprend les 4 bataillons suivants : A. B. 左 et 右營 chargés des arrondiss. de *Hoai-ning*, *T'ong-tch'eng*, *Wang-kiang*, *Tong-lieou*, *Koei-tch'e*, *T'ong-ling* et du 彭澤 dans le *Kiang-si*.

(1) Bien que les divisions civiles et militaires ne correspondent pas entre elles, nous avons cru devoir conserver dans ce tableau l'ordre adopté plus haut pour la hiérarchie civile : cette unité de plan facilitera les recherches du lecteur, qui pourra du reste reconstituer la série des commandements militaires du *Ngan-hoei*, au moyen des indications données par le même tableau. Les lettres A, B, C, etc., mises à la suite d'une sous-préfecture ou d'une localité, indiquent les bataillons qui sont chargés de sa défense.

Voici les titres auxquels se réfèrent les 9 degrés dans l'échelle de ces commandements : 提督 *vulgo* 提台 Général de division : 1 b — 總兵, *vulgo* 鎮台 Général de brigade : 2 a — 副將, *vulgo* 協台 Colonel : 2 b — 參將,

PRÉFECTURES ET SOUS-PRÉFECTURES.	AUTRES LOCALITÉS ET OBSERVATIONS.
NGAN-K'ING F. (2 b; 2 b Y)	C. 游兵營 chargé de *Ho-tcheou*, *Ou-wei*, *Han-chan*, *T'ong-tch'eng*, *T'ong-ling*, *Fan-tch'ang*, *Ou-hou* et *T'ang-t'ou*. D. 潛營 chargé de *T'ong-tch'eng*, *Ts'ien-chan*, *T'ai-hou*, *Sou-song* et *Wang-kiang*. En outre le colonel chargé du bataillon *E* de la division 長江水師 *q.v.* a sous ses ordres des jonques stationnées aux endroits suivants: 新河口 *Sin-ho-k'eou* auprès de la ville; 新鹽河 *Sin-yen-ho*, item; 東流縣 à *Tong-licou*; 樅陽鎮 *Ts'ong-yang-tchen* et son canal: 鐵泥洲 *T'ié-ni-tcheou*: 老鹽河 *Lao-yen-ho*; 三江口 *San-kiang-k'eou*: 吉陽河 *Ki-yang-ho*: 蠡陽河 *Li-yang-ho*; 烏沙夾 *Ou-cha-kia*; 寶賽汎 *Pao-sai*: 黃石磯 *Hoang-che-ki*; 烏石磯 *Ou-che-ki*; 楊家套 *Yang-kia-t'ao*; item 上汎; 五埠渡 *Ou-pou-tou*; 太池溝 *T'ai-tch'e-keou*; 馬家窩 *Ma-kia-*

vulgo 參府 Lieutenant-colonel: 3 a — 遊擊, *vulgo* 遊府 Commandant: 3 b — 都司, *vulgo* 都閫府 Capitaine: 4 a — 守備, *vulgo* 守府 Lieutenant: 5 b — 營十總, *vulgo* 總爺 Sous-lieutenant: 6 a — 把總 *vulgo* 副爺 Adjudant: 7 a — 外委千總 Sergent-major: 8 a — 外委把總 Sergent: 9 a — 額外外委 Caporal: 9 b.

D'autre part les commandements eux-mêmes se classent comme il suit: 提標 Division; 鎮標 Brigade; 協標 Régiment; 營 Bataillon, *vulgo* Camp; 哨 Compagnie; 司 Escouade, établie dans un poste 汎. L'officier ou sous-officier qui est préposé à l'un des ces derniers postes est vulgairement nommé 汎地官

Outre la Division territoriale connue sous le nom de 綠營, dont le commandement en chef (提督) est cumulé par le Gouverneur civil (巡撫) du *Ngan-hoei*, un autre commandement supérieur a été récemment constitué (1865-1868) pour les forces navales du *Yang-tse-kiang*; nous désignons de la lettre Y dans le tableau les stations des officiers qui relèvent de cette Division, dont le Général en chef (長江水師提督) réside à *T'ai-p'ing-fou*. Nous avons, comme les Chinois, donné aux cadres de la Division navale les mêmes appellations qu'aux officiers de terre; le mot 隊 substitué à 司 dans la désignation des commandements inférieurs fait seul exception à cette règle.

PRÉFECTURES ET SOUS-PRÉFECTURES.	AUTRES LOCALITÉS ET OBSERVATIONS.
NGAN-K'ING F. (2b; 2b Y)	*ouo;* 花園汛 *Hoa-yuen;* 新河 *Sin-ho* in *T'ong-tch'eng;* 湖東汛 *Hou-tong;* 頭二磯 *T'eou-eul-ki;* 江家店 *Kiang-kia-tien;* 鴨兒溝 *Ya-eul-keou;* 石門湖 *Che-men-hou;* 花園上汛; 山口鎮 *Chan-k'eou-tchen;* 蓮花洲 *Lien-hoa-tcheou;* 寶賽下汛; 黃石磯下汛.
Hoai-ning hien .... A. B.	石牌鎮 Che-p'ai-tchen. (7 a) A. 碎石嶺汛 Soei-che-ling. (9 a) A.
T'ong-tch'eng hien. (7 a)........ D.	樅陽汛 Ts'ong-yang. (7 a) 北峽汛 Pei-hia. (9 a) 湯家溝汛 T'ang-kia-keou. (9 a) 天甯莊汛 T'ien-ning-tchoang. (9 b)
Ts'ien-chan hien. (3 b)........... D.	天堂汛 T'ien-t'ang. (7 a) 五科楓汛 Ou-k'o-fong. (9 a)
T'ai-hou hien. (7 a)................ D.	馬路河汛 Ma-lou-ho. (9 a) 白洋坂汛 Pé-yang-fan. (9 b)
Sou-song hien. (6 a) .... D.	下倉塲汛 Hia-ts'ang-tch'ang. (8 a)
Wang-kiang hien. (6 a) D. B. D.	黃家瑕汛 Hoang-kia-toan. (7 a) B. 吉水鎮汛 Ki-choei-tchen. (8 a) D.
HOEI-TCHEOU FOU	東山 Tong-chan. (3 a) Ce commandement, dépendant lui-même de la brigade 皖南鎮 *q. v.*, est dit 徽州營. Le lieutenant-colonel qui y est préposé a sous ses ordres les deux bataillons; E. F. 左 et 右營, qui fournissent les postes aux 6 arrondissements du *Hoei-tcheou-fou.*
Hi hien. (6 a) F.	
Hieou-ning hien. (5 b)............ E.	上溪口 Chang-k'i-k'eou. (8 a) 高梘汛 Kao-kien. (9 a)
Ou-yuen hien. (5 b) .... F.	西灣 Si-wan. (8 a) 中平汛 Tchong-p'ing. (9 a)
K'i-men hien. (7 a) E.	
I hien. (7 a) E.	
Tsi-k'i hien. (7 a) F.	

PRÉFECTURES ET SOUS-PRÉFECTURES.	AUTRES LOCALITÉS ET OBSERVATIONS.
NING-KOUO F. (2 a) G. H.	Ce commandement est dit 皖南鎮總兵; le général de brigade qui en est chargé a sous ses ordres les 6 bataillons ou commandements suivants dont 2 sont sous son gouvernement personnel (本標): G. 左營 chargé de *Siuen-tch'eng*, *King-hien et Nan-ling*. H. 右營 chargé de *Ning-kouo*, *Tsing-té et T'ai-p'ing*. Les 4 autres sont ceux de 徽州, 池州, 蕪采 et 廣德 *q. v*, *sub* E. F., I., J. et R.
Siuen-tch'eng hien.................. G.	灣沚鎮 Wan-tche-tchen. (9 a) 永寗鎮 Yong-ning-tchen. (9 a) 水陽汛 Choei-yang. (9 b) 西河汛 Si-ho. (9 b) 新河汛 Sin-ho. (9 b) 楊柳鋪 Yang-lieou-p'ou. (9 b) 沈村汛 Chen-ts'uen. (9 b)
Ning-kouo hien. (7 a)............ H.	胡樂司 Hou-lo-se. (9 a)
King hien. (7 a)....................... G.	查村 Tcha-ts'uen. (9 a) 馬頭汛 Ma-t'eou. (9 b)
T'ai-p'ing hien. (7 a)............... H.	浮坵坦 Feou-k'ieou-t'an. (9 a) 譚家橋 Tan-kia-k'iao. (9 a)
Tsing-té hien. (5 b)................. H.	三溪汛 San-k'i. (9 b)
Nan-ling hien. (9 a)................ G.	三里店 San-li-tien. (8 a)
TCH'E-TCHEOU F. (4 a)	Ce commandement appelé (I.) 池州營, dépendant lui-même de la brigade 皖南鎮 *q. v.*, fournit les postes aux 6 arrondiss. du *Tch'e-tcheou-fou*.
Koei-tch'e hien......................... I.	殷家滙 Yn-kia-hoei. (9 b)
Ts'ing-yang hien. (6 a)........... I.	青溪汛 Ts'ing-k'i. (9 b)

PRÉFECTURES ET SOUS-PRÉFECTURES.	AUTRES LOCALITÉS ET OBSERVATIONS.
T'ong-ling hien. (7 a)............. B. I.	大通鎮 *Ta-t'ong-tchen.* (3 a Y). Le lieut.-col. chargé du bataillon *D.* de la division 長江水師 *q.v.* a sous ses ordres des bateaux stationnés aux points suivants : 大通鎮 bourg de *Ta-t'ong* ; 鯉魚料汛 *Li-yu-liao;* 和悅洲 *Ho-yué-tcheou ;* 丁家洲 *Ting-kia-tcheou ;* 新洲頭 *Sin-tcheou-t'eou;* 荻港 *Ti-kiang ;* 土橋 *T'ou-k'iao;* 馬船溝 *Ma-tch'oan-keou ;* 新開溝 *Sin-k'ai-keou ;* 梅梗 *Mei-keng ;* 挖溝 *T'ouo-keou;* 鯉魚潦 *Li-yu-liao;* 紫沙洲 *Tse-cha-tcheou ;* 王家套 *Wang-kia-t'ao;* 郭港 *Kouo-kiang;* 鐵板洲 *T'ié-pan-tcheou ;* 胥家垻 *Siu-kia-pa;* 大江口 *Ta-kiang-k'eou;* 馬溝汛 *Ma-keou.* 和悅州 Ho-yué-tcheou. (7 a) I. 仙姑廟汛 Sien-kou-miao. (8 a) B.
Che-tai hien. (9 a) I.	
Kien-té hien. (7 a) I.	
Tong-lieou hien. (7 a) I.......... I. B.	香口 *Hiang-k'eou.* (3 b Y). Le commandant chargé du bataillon *F.* de la division 長江水師 *q. v.* a sous ses ordres des bateaux stationnés aux points suivants : 華陽鎮 *Hoa-yang-tchen,* 上 et 下口; 老華陽汛 *Lao-hoa-yang;* 馬當汛 *Ma-tang;* 香口 *Hiang-k'eou;* et plusieurs autres ports du *Kiang-si.* 黃石磯 Hoang-che-ki. (6 a) B.
T'AI-P'ING F. (1 b Y; 5 b)	Cette ville est le centre du commandement de la division navale 長江水師提督 dont le chef a sous ses ordres personnels (本標) 5 bataillons, et sous son contrôle indirect autant de brigades 鎮. Ces bataillons sont les suivants :

PRÉFECTURES ET SOUS-PRÉFECTURES.	AUTRES LOCALITÉS ET OBSERVATIONS.
T'AI-P'ING F. (1 b Y; 5 b)	*A.* 中營 allant de 金柱關 *Kin-tchou-koan* à 烏江 *Ou-kiang.* Le colonel chargé de ce bataillon réside à *T'ai-p'ing-fou*, et les jonques sous ses ordres stationnent aux endroits suivants : canal de la ville; 金柱關 *Kin-tchou-koan;* 采石磯 *Tsai-che-ki;* 和尙港 *Ho-chang-kiang.* ou 新河口 *Sin-ho-k'eou;* 新城埠 La nouvelle digue de la ville; 三條溝 *San-t'iao-keou* (Rive g.); 缺子口 *K'iué-tse-k'eou* (R. d.); 神農洲 *Chen-nong-tcheou;* 采石下汛; 銅井河 *T'ong-tsing-ho* et 和尙港下汛 ou 姥下河 *Mou-hia-ho* et 石跋河 *Che-po-ho;* 老洲頭 *Lao-tcheou-t'eou* (R.g.); 采石上汛; 太陽河汛 *T'ai-yang-ho;* 瓦蓬溝汛 *Wa-p'ong-keou;* 鍼魚觜汛 *Tchen-yu-tsoei.* *B.* 裕溪營 allant des rochers 東西梁山 *Tong* et *Si-liang-chan* à 金柱關 *Kin-tchou-koan;* commandé par un lieut.-col. qui réside à 雍家鎮 *q. v.* in *Ho-tcheou.* *C.* 蕪湖營 allant de 荻港 *Ti-kiang* à 裕溪口 *Yu-k'i-k'eou,* commandé par un chef de bat. résidant à *Ou-hou q. v.* *D.* 大通營 allant de 樅陽 *Ts'ong-yang* à 荻港 *Ti-kiang*, commandé par un lieut.-col. résidant à 大通鎮 *Ta-t'ong-tchen q. v.* in *T'on-ling-hien.* Le 5e bataillon 金陵營 commandé par un lieut.-col. se trouve en aval du *Ngan-hoei*, Les 5 brigades sont celles de 岳州, 漢陽, 湖口, 瓜州 et 狼山. La 3e d'entre elles a dans les eaux

PRÉFECTURES ET SOUS-PRÉFECTURES.	AUTRES LOCALITÉS ET OBSERVATIONS.
T'AI-P'ING F. (1 b Y; 5 b)	du *Ngan-hoei* les 2 bataillons suivants: *E.* 安慶營 gardant le fleuve depuis *Tong-lieou* jusqu'à 樅陽鎮 *Ts'ong-yang-tchen*, commandé par un colonel résidant à *Ngan-k'ing*, *q. v.* *F.* 華陽營 depuis 老洲頭 dans le *Kiang-si*, jusqu'à 香口 *Hiang-k'eou*, commandé par un chef de bat. résidant à *Tong-lieou*, *q. v.*
T'ang-t'ou hien........................ J.	釆石汛 Tsai-che (8 a) 丹陽汛 Tan-yang (8 *vel* 9 a)
Ou-hou hien. (3 a; 3 b Y) J.	Centre du commandement appelé (J) 蕪釆營, lequel, s'étendant aux 3 arrondissements du *T'ai-p'ing-fou*, relève de la brigade 皖南鎮 *q. v.* Le commandant chargé du bataillon *C.* de la division 長江水師 *q. v.* a sous ses ordres des jonques stationnées aux endroits suivants: Au pont de bateaux de *Ou-hou;* à l'embouchure du canal de *Ou-hou;* 弋磯 *I-ki;* 魯港 *Lou-kiang;* 清水河 *Ts'ing-choei-ho;* 方村 *Fang-ts'uen.*
Fan-tch'ang hien. (7 a).......... J.	舊縣汛 Kieou-hien. (9 b) 荻港汛 Ti-kiang (9 b)
LIU-TCHEOU FOU. (4 a)	Ce commandement appelé (K) 廬州營, dépendant lui-même de la brigade 壽春鎮 *q. v.*, s'étend aux arrondiss. de *Ho-fei*, *Tch'ao-hien* et *Ou-wei.*
Ho-fei hien.............................. K.	梁園鎮 Liang-yuen-tchen. (9 a) 三河鎮 San-ho-tchen. (9 b)
Liu-kiang hien. (9 a)............... S.	羅昌河汛 Louo-tch'ang-ho. (9 b) 白石山汛 Pé-che-chan. (哨官)
Chou-tch'eng hien. (7 a) .... S.	小河汛 Siao-ho. (哨官)

PRÉFECTURES ET SOUS-PRÉFECTURES.	AUTRES LOCALITÉS ET OBSERVATIONS.
Ou-wei tcheou. (6 a)............ K.	襄安鎮 Siang-ngan-tchen. (9 b)
Tch'ao hien. (8 a)............ K.	柘皐汛 Che-kao. (9 b) 中廟卡 Tchong-miao-kia. (9 b)
FONG-YANG FOU. (5 b)	
Fong-yang hien. (7 a)............ M.	臨淮鄉 Lin-hoai-hiang. (7 a) 長淮衞汛 Tch'ang-hoai-wei. (9 a) 紅心汛 Hong-sin. (9 a) 王莊汛 Wang-tchoang. (9 a) 小溪汛 Siao-k'i. (9 b) 蚌埠汛 Pang-pou. (9 b) 殷家澗 Yn-kia-kien. (9 b) 劉家集 Lieou-kia-tsi. (9 b) 徐家橋 Siu-kia-k'iao. (9 b) 溪河集 K'i-ho-tsi. (9 b)
Hoai-yuen hien. (6 a)............ M.	上窰汛 Chang-yao. (8 a) 龍亢汛 Long-kang. (8 a)
Ting-yuen hien. (7 a)............ L.	岱山鋪 Tai-chan-p'ou. (9 a)
Cheou tcheou. (2 a) L. M. L.	Cette ville est le centre du commandement dit 壽春鎮總兵; le général de brigade qui en est chargé a sous ses ordres les 8 bataillons suivants, dont 2 sont sous son gouvernement personnel (本標): L. 中營, chargé de *Cheou-tcheou*, *Ho-k'ieou*, *Fong-t'ai*, *Ting-yuen* et *Yng-chang*. M. 右營, chargé de *Cheou-tcheou*, *Fong-yang*, *Hoai-yuen* et *Ou-ho*. Les 6 autres sont ceux de 六安, 潁州, 泗州, 廬州, 亳州 et 龍山, *q. v. sub* S., O., T., K., P. et Q. 爐橋 Lou-k'iao. (6 a) 正陽汛 Tcheng-yang. (7 a) 瓦埠汛 Wa-tao. (9 a) 朱家巷 Tchou-kia-hiang. (9 b) 三覺寺 San-kio-se. (9 b) 隱賢汛 Yn-hien. (9 b)

PRÉFECTURES ET SOUS-PRÉFECTURES.	AUTRES LOCALITÉS ET OBSERVATIONS.
Fong-t'ai hien. (7 a)................ L.	白龍潭 Pé-long-t'an. (9 a) 闞疃集 K'an-t'oan-tsi. (9 a) 顧家橋 Kou-kia-k'iao. (9 b) 石頭埠 Che-t'eou-pou. (9 b) 劉家集 Lieou-kia-tsi. (9 b)
Sou tcheou. *(Siu)* (3 b) .... N.	Cette ville est le centre du commandement (N) 宿州營, dépendant de la brigade de 徐州 in *Kiang-sou*, et s'étendant aux arrondiss. de *Sou-tcheou* et *Ling-pi*. 百善汛 Pé-chan. (6 a) 南平汛 Nan-p'ing. (6 a) 濉溪口汛 Soei-ki-k'eou. (7 a) 夾溝汛 Kia-keou. (7 a) 湖溝汛 Hou-keou. (8 a) 臨渙集 Lin-hoan-tsi. (8 a) 大店汛 Ta-tien. (9 a) 張家集 Tchang-kia-tsi. (9 a) 時村汛 Che-ts'uen. (9 a) 褚家集 Tch'ou-kia-tsi. (9 b) 石相集 Che-siang-tsi. (9 b) 蘄縣集 K'i-hien-tsi. (9 b)
Ling-pi hien. (6 a) .... N.	固鎮汛 Kou-tchen. (8 a) 漁溝汛 Yu-keou. (9 b) 濠城汛 Hao-tch'eng. (9 b)
YNG-TCHEOU FOU. (3 b)	Centre du commandement (O) 潁州營, lequel dépendant de la brigade 壽春鎮 *q. v.*, s'étend aux arrondiss. de *Feou-yang* et *Mong-tch'eng*.
Feou-yang hien. (6 a)............. O.	艾亭集 Ngai-ting-tsi. (5 b) 老觀港汛 Lao-koan-kiang. (7 a) 驛口橋汛 I-k'eou-k'iao. (7 a) 六十里鋪汛 Lou-che-li-p'ou. (8a) 爐爊店 Lou-ngao-tien. (9 a) 王化集 Wang-hoa-tsi. (9 a) 鮦陽城 T'ong-yang-tch'eng. (9 a) 方家集 Fang-kia-tsi. (9 a) 劉興集 Lieou-hing-tsi. (9 b) 楊橋集 Yang-k'iao-tsi. (9 b) 迎仙店 Yng-sien-tien. (9 b)

PRÉFECTURES ET SOUS-PRÉFECTURES.	AUTRES LOCALITÉS ET OBSERVATIONS.
Feou-yang hien. (6 a) .... O.	姜寨集 Kiang-tchai- tsi. (9 b) 地里城 Ti-li-tch'eng. (9 b) 苗家集 Miao-kia-tsi. (9 b)
Yng-chang hien. (7 a)............ L.	八里垛 Pa-li-touo. (9 b) 江口集 Kiang-k'eou-tsi. (9 b)
Ho-k'ieou hien. (6 a) .... L.	葉家集 Yé-kia-tsi. (8 a) 三河尖 San-ho-tsien. (8 a) 三劉集 San-lieou-tsi. (9 b)
Po tcheou. (4 a)....................... P.	Cette ville est le centre du commandement nommé (P) 亳州營; il relève de la brigade 壽春鎮 *q. v.*, et s'étend aux arrondiss. de *Po-tcheou* et *T'ai-ho*. 龍德寺集 Long-té-se-tsi. (8 a) 翟村寺 Ti-ts'uen-se. (8 a) 減冢店集 Kien-tchong-tien-tsi. (9a) 宋家集 Song-kia-tsi. (9 b) 十字河 Che-tse-ho. (9 b)
Kouo-yang hien. (5 b) .... Q.	Cette ville est le centre du commandement dit (Q) 龍山營, relevant de 壽春鎮 *q. v.*, et chargé de ce seul arrondissement. 龍山 Long-chan. (3 b) 張村鋪汎 Tchang-ts'uen-p'ou. (6 a) 南山頭汎 Nan-chan-t'eou. (7 a) 義門集 I-men-tsi. (7 a) 新興集 Sin-hing-tsi. (7 a) 王市集 Wang-che-tsi. (8 a) 北山頭 Pé-chan-t'eou. (9 a) 曹市集 Ts'ao-che-tsi. (9 a) 西洋集 Si-yang-tsi. (9 a) 江家集 Kiang-kia-tsi. (9 b) 劉家集 Lieou-kia-tsi. (9 b) 石弓山 Che-kong-chan. (9 b) 花溝集 Hoa-keou-tsi. (9 b)
T'ai-ho hien. (7 a).................. P.	淝河口 Fei-ho-k'eou. (9 a) 界首集 Kiai-cheou-tsi. (9 a) 清泥淺 Ts'ing-ni-tsien. (9 b)
Mong-tch'eng hien. (5 b)........ O.	棗木橋汎 Tsao-mou-k'iao. (9 a) 雙澗汎集 Choang-kien-tsi. (9 b)

PRÉFECTURES ET SOUS-PRÉFECTURES.	AUTRES LOCALITÉS ET OBSERVATIONS.
KOANG-TÉ TCHEOU. (4 a) R.	Ce commandement, dit (R) 廣德營, relève de la brigade 皖南鎮 *q. v.* et est chargé des territoires *Koang-té* et *Kien-p'ing.* 青洪山嶺汎 Ts'ing-hong-chan-ling. (7 a) 界牌汎 Kiai-p'ai. (8 a) 誓節渡汎 Che-tsié-tou. (9 a) 朱灣汎 Tchou-wan. (9 b) 虎嶺關汎 Hou-ling-koan. (9 b) 張洪關汎 Tchang-hong-koan. (9 b)
Kien-p'ing hien. (7 a)............. R.	白茆汎 Pé-mao. (9 a) 梅渚汎 Mei-tchou. (9 b) 畢家橋汎 Pi-kia-k'iao. (9 b)
TCH'OU TCHEOU. (7 a)	Ce territoire et ceux des deux sous-préfectures suivantes appelés 滁州汎, dépendent du bataillon de 浦口 *P'ou-k'eou* in *Kiang-sou* et s'étendent aux territoires de *Tch'ou-tcheou*, *Ts'uen-tsiao* et *Lai-ngan.* 烏衣汎 Ou-i (9 b)
Ts'iuen-tsiao hien....................	鳳皇橋 Fong-hoang-k'iao. (7 a) 赤石埠 Tche-che-pou. (8 *vel* 9 a)
Lai-ngan hien. (8 *vel* 9 a)	
HO TCHEOU. (5 b)............. C.	雍家鎮 *Yong-kia-tchen.* (3 a) Y. Le lieut.-colonel chargé du bataillon *B.* de la division 長江水師 *q. v.* a sous ses ordres des jonques stationnées aux endroits suivants: 裕溪口 canal et bourg de *Yu-k'i-k'eou:* 三汊河 *San-tch'a-ho;* 運漕東汎 *Yun-tsao;* 雍家鎮; 桐城閘 *T'ong-tch'eng-tcha;* 運漕西汎; 牛屯河 *Nieou-t'oen-ho;* 東關 *Tong-koan;* 西梁山 *Si-liang-chan;* 黃山陟口河 canal de *Hoang-chan-tche-k'eou;* 賴蒲灘 *Lai-pou-t'an;*

PRÉFECTURES ET SOUS-PRÉFECTURES.	AUTRES LOCALITÉS ET OBSERVATIONS.
HO TCHEOU. (5 b) C.	清溪河 *Ts'ing-k'i-ho* in *Han-chan.* 西梁山 Si-liang-chan. (3 b) 烏江 Ou-kiang. (9 b)
Han-chan hien. (7 a) C.	運漕 Yun-tsao. (8 *vel* 9 a)
LOU-NGAN TCHEOU. (3 a) S.	Centre d'un commandement dit (S) 六安營, s'étendant aux territoires *Lou-ngan*, *Yng-chan*, *Ho-chan*, *Chou-tch'eng* et *Liu-kiang*, et dépendant de la brigade 壽春鎮 *q. v.* 錢家集汛 Ts'ien-kia-tsi. (8 a) 金家集 Kin-kia-tsi. (9 a) 馬頭集汛 Ma-t'eou-tsi. (9 b) 青山鎮汛 Ts'ing-chan-tchen. (9 b)
Yng-chan hien. (7 a) S.	茅草畈汛 Mao-ts'ao-fan. (9 a)
Ho-chan hien. (7 a) S.	漫水河汛 Man-choei-ho. (9 b) 包家河汛 Pao-kia-ho. (9 b)
SE TCHEOU. (6 a) T.	半城汛 Pan-tch'eng. (8 a) 施家崗汛 Che-kia-kang. (9 a)
Hiu-i hien. (4 a) T.	Centre d'un commandement dit (T) 泗州營, dépendant de la brigade 壽春鎮 *q. v.* et s'étendant aux territoires de *Se-tcheou*, *Hiu-i* et *T'ien-tch'ang.* 明光汛 Ming-koang (9 a) 澗溪汛 Kien-k'i. (9 b) 舊溪汛 Kieou-k'i. (9 b) 馬家汛 Ma-kia. (哨官)
T'ien-tch'ang hien. (7 a) T.	汊澗汛 Tch'a-kien. (9 a) 銅城鎮 T'ong-tch'eng-tchen. (9 b)
Ou-ho hien. (7 a) M.	園宅集 Yuen-tche-tsi. (9 b)

Outre les officiers ci-dessus, il convient de mentionner les lieutenants chargés des escadrilles (幫) pour le transport du riz du tribut impérial. Ces commandements sont les suivants :

1° 新安衞, escadrille de la préf. de *Tch'e-tcheou*, pour la même. 2° 宣州衛, escadrille pour les préfect. de *Ning-kouo* et *Koang-té*. 3° 建陽衛, 2 escadrilles: de la préfect. de *Ning-kouo*, pour la dite préfect., et celle de *Tch'e-tcheou*, et de la préfect. de *T'ai-p'ing*, pour la même et *Koang-té*, 4° 安慶衛, 2 escadrilles pour la préfect. de *Ngan-k'ing*. 5° 廬州衛, 3 escadrilles; la 1ère pour la préfect. de *Ngan-k'ing*; la 2de et la 3e pour les préfect. de *Sou-tcheou* et *Song-kiang* in *Kiang-sou*. 6° 鳳陽衛, 3 escadrilles; la 1ère et la 2de pour la préfect. de 常州府 in *Kiang-sou*; la 3e pour les préfect. de *Lou-ngan* et *Sou-tcheou*. 7° 長淮衛, 4 escadrilles; la 1ère pour la préfect. de 常州府; la 2de pour la province du *Ho-nan*; la 3e pour la préfect. de 徐州府 in *Kiang-sou*; la 4e pour celle de 鎮江府 *ibid*. 8° 泗州衛, 2 escadrilles pour la préfecture de *Sou-tcheou* in *Kiang-sou*. 9° 滁州衛, escadrille de *Sou-tcheou* pour la dite préfecture. 10° Enfin 2 escadrilles appartenant au 宿州衛 sont, l'une pour les préfect. de 鳳陽 et 泗州, l'autre pour celles de 鳳陽, 潁州 et pour 亳州.

Outre les 守備 préposés à ces commandements le service du transport du tribut compte encore au *Ngan-hoei* 44 sous-lieutenants et 20 adjudants.

C. — COMMUNICATIONS INTÉRIEURES.

Les notions d'ensemble qui précèdent rendront plus facile l'intelligence des détails dans lesquels nous allons entrer.

GRANDES ROUTES.

Les cartes routières indigènes donneraient lieu de penser que *Liu-tcheou-fou* est le chef-lieu du *Ngan-hoei*. Les grandes routes qu'elles indiquent, et qui, parties des provinces voisines, viennent se couper sur notre territoire, forment une croix de St André, dont cette préfecture est le centre.

De fait, la position centrale de *Liu-tcheou-fou*, sertie comme une pierre précieuse entre les douze préfectures qui l'entourent, a donné lieu, au moins une fois sous la dynastie actuelle, à des démarches tendant à reporter sur cette ville la primauté conservée jusqu'ici à *Ngan-k'ing*. Mais la position de cette dernière cité sur le *Kiang*, la facilité de ses communications avec la métropole des *Deux Kiang*, lui assurera sans doute pour longtemps l'avantage dont elle jouit; les chemins de fer seraient seuls capables de la troubler un jour dans sa possession.

L'une des routes dont je viens de parler gagne le Sud-Ouest, en traversant les sous-préfectures de *Chou-tch'eng* (舒城), *T'ong-tch'eng*, *Ts'ien-chan* (潛山), *T'ai-hou* (太湖). Arrivée à 黃梅, sous-préfecture du *Hou-pé*, elle se bifurque en deux branches, dont l'une traverse cette dernière province et l'autre gagne au Sud *Nan-tch'ang-fou* (南昌), capitale du *Kiang-si*.

Une seconde route part de *Liu-tcheou-fou* dans la direction du Nord-Ouest, passe par la douane de *Tcheng-yong-koan*, traverse *Yng-chang* et arrivée à *Yng-tcheou-fou*, se divise en deux bras, dont le premier gagne le *Chen-si* (陝西) à travers la province du *Ho-nan*, et l'autre aboutit à *K'ai-fong-fou* (開封), chef-lieu de cette dernière province.

La troisième met le *Ngan-hoei* en communication avec le *Chan-tong* et le *Tché-li* (直隸). Elle traverse les villes de *Ting-yuen* et de *Sou-tcheou*, appelée aussi *Nan-siu-tcheou* (宿州), pour la distinguer de 徐州, préfecture septentrionale du

Kiang-sou, que cette même route dessert pareillement, avant de passer au *Chan-tong*. De *Sou-tcheou* un embranchement gagne *K'ai-fong-fou* vers l'O. N. O.

La dernière des grandes routes signalées plus haut relie *Liu-tcheou-fou* à *Nan-king* (南 京), capitale du 兩 江. Elle passe par *Tch'ao-hien* (巢), *T'ai-p'ing-fou;* puis, de *Nan-king*, remontant vers le Nord-Ouest et traversant la préfecture de *Tch'ou-tcheou*, ainsi que la douane de *Lin-hoai-koan* (臨 淮 關), elle va se réunir à la route qui conduit à *Sou-tcheou*.

On le voit, c'est à bon droit que le catalogue officiel des fonctionnaires chinois consacre à la ville de *Liu-tcheou-fou* cette mention : 路 通 七 省 «Ses routes communiquent avec sept provinces.»

Ces routes, que les indigènes désignent par la dénomination générique de *Ma-lou* (馬 路), seraient mieux nommées routes militaires ou chemins de grande communication; car elles ne brillent pas plus par leurs proportions et la qualité de leur entretien que la plupart des autres voies publiques de cette province; elles ne se distinguent de celles-ci que par leur animation, et surtout par les facilités de rapports qu'elles établissent avec les provinces voisines (1).

Désormais, à cause surtout de l'extrême variété qui caractérise les différentes parties du *Ngan-hoei*, nous croyons gagner en intérêt et en clarté, en groupant nos notes suivant la nature des territoires, préfectures ou régions. Une grande partie de ces notes provient de mes observations personnelles; d'autres m'ont été fournies par l'obligeance des missionnaires jésuites, mes frères dans l'apostolat. Nos catéchistes et nos chrétiens m'ont aussi fourni des renseignements dont la plus grande partie a pu être facilement contrôlée.

I. INTENDANCE DU *WAN-NAN*.

1. PRÉFECTURE DE *HOEI-TCHEOU-FOU*.

Position géographique.

La province du *Kiang-si* au Sud et au Sud-Ouest, celle du *Tché-kiang* à l'Est, la préfecture de *Ning-kouo-fou* au Nord-Est, celle de *Tch'e-tcheou-fou* au Nord-Ouest, lui servent de limites. Elle se divise en 6 sous-préfectures, dont une, celle de *Hieou-*

(1) L'on trouvera à la fin de cette étude les itinéraires détaillés des principales routes du *Ngan-hoei*, d'après les routiers indigènes.

ning (休 甯), peut être considérée comme le centre. Au Sud de cette sous-préfecture, est celle de *Ou-yuen* (婺 源), à l'Ouest celle de *K'i-men* (祁 門), à l'Est celle de *Hi* (歙), *Cheou-hien* (首 縣), dont le chef-lieu est accolé à la ville-préfecture; au Nord-Est, celle de *Tsi-k'i* (績 溪), enfin celle de *I* (黟) au Nord-Ouest.

Montagnes. Le *Hoei-tcheou* est entouré et rempli de hautes montagnes. Seule la sous-préfecture de *Hieou-ning*, qui est comme le plateau de ce système, renferme quelques belles plaines. Le reste du pays est sillonné dans tous les sens par un nombre infini de vallées dont la largeur moyenne ne m'a pas semblé dépasser une centaine de mètres.

Les eaux qui arrosent les deux sous-préfectures de *Ou-yuen* et de *K'i-men* descendent, comme nous l'avons déjà dit, dans le lac *P'o-yang* (鄱 陽), tandis que les autres forment le *Ts'ien-t'ang-kiang* (錢 塘 江), et se rendent à la mer par *Hang-tcheou* (杭 州).

Torrents navigables. Chacune des sous-préfectures du *Hoei-tcheou* a un petit port où peuvent remonter les barques du pays, et cela pendant six mois au moins chaque année pour les plus déshérités. Ces ports (碼 頭) sont pour le *Ou-yuen-hien*, *Ts'ing-hoa-kiai* (清 華 街); pour le *K'i-men*, la ville même; pour le *I-hien*, *Yu-t'ing* (漁 亭); pour le *Tsi-k'i*, *Ling-k'i* (臨 溪); pour le *Hi-hien*, la ville même de *Hoei-tcheou*, dont le torrent vient de *Tsi-k'i*. La sous-préfecture de *Hieou-ning* est la mieux partagée; le torrent venu de *Yu-t'ing* baigne la partie N. O. de la ville, pour aller rejoindre celui de *Chang-k'i-k'eou* (上 溪 口) également navigable, au gros bourg de *T'oen-k'i* (屯 溪). De *T'oen-k'i* à *Hang-tcheou* les barques communiquent en toute saison.

Barques. Les barques sont longues, légères et extrêmement mobiles. L'avant et l'arrière se ressemblent à peu près et rappellent les formes de la pirogue. A la saison des pluies, quand les eaux sont d'une bonne hauteur, ces barques font facilement en descendant, de 40 à 50 lieues par jour. Une fois engagées dans les rapides, leur vitesse égale celle de nos chemins de fer. Ces torrents sont remplis de récifs, dont ne s'effraient point les bateliers. Ils connaissent les passes dangereuses et savent si bien manœuvrer qu'il se brise assez peu de barques.

Le poids dont ils peuvent charger leur embarcation varie, suivant la grandeur, de 1 000 à 6 000 kilogrammes.

Quand il s'agit en remontant d'escalader les rapides, on les voit jusqu'à trente et quarante, hâlant l'une de ces grandes barques. Ils se servent, suivant les circonstances et les lieux, de la voile, de la rame, de la gaffe et de la godille. Pour diriger, ils usent du gouvernail, dont l'action est aidée par une très longue rame posée à l'avant et taillée en forme de lame. Quand il s'agit d'éviter brusquement un brisant dont on est menacé, un coup de cet aviron donné à propos est d'un effet merveilleux.

Dans les mois de sécheresse, lorsque les eaux sont basses, les bateliers doivent rester les trois quarts du temps dans l'eau pour soulever et pousser la barque. De cette façon, ils trouvent moyen de faire franchir des fonds d'un pied d'eau à une barque qui en tire deux et quelquefois plus. Ils font alors peu de chemin dans une journée, mais ils ne s'en chagrinent pas, surtout s'ils n'ont pas entrepris le voyage à forfait, et ils répètent volontiers ce refrain qui peint leur insouciance : 過了一天還有一天 «Un jour de passé, encore un jour !»

Population. Malgré le grand nombre de familles détruites sous le règne de *Hien-fong* (咸豐) et le commencement de *T'ong-tche* (同治), la population du *Hoei-tcheou-fou* peut encore être évaluée à plus de deux millions d'âmes (1). Non moins éprouvée (à part la sous-préfecture de *Ou-yuen* qui regorge d'habitants comme celle de *I-hien*) que les préfectures de *Ning-kouo* et de *Tch'e-tcheou* ses voisines, ses familles, dont beaucoup de membres faisaient le commerce au dehors, ont été décimées. Elles ont pu, grâce à ces éléments qu'a sauvés l'éloignement, se refaire beaucoup plus facilement que celles d'autres régions, soit au dehors soit au dedans, après le rétablissement de la paix.

Productions. On trouve au *Hoei-tcheou* à peu près toutes les céréales cultivées dans la Chine centrale : riz, blé, orge, millet, sarrasin, sorgho, colza, etc.

Toutes les terres de ses vallées, et même les pentes accessibles de ses montagnes sont cultivées. Ses rizières et les champs, taillés dans le relief du sol, dont ils suivent les sinuosités, s'étagent comme des rampes jusqu'à de grandes hauteurs, et procurent au voyageur, par leurs courbes gracieuses et la diversité de leurs couleurs, un spectacle à la fois grandiose et charmant.

Échanges. Malgré cela, le pays ne suffit point à nourrir sa nombreuse population. Heureusement les contrées voisines du *Kiang-si*, du *Tché-kiang*, de *Tch'e-tcheou* et de *Ning-kouo-fou* viennent au *Hoei-tcheou* échanger l'abondance de leurs grains contre l'argent que ce peuple entreprenant et industrieux va gagner au

(1) Voici quel serait le chiffre de la population, d'après l'estimation d'un missionnaire :

Hi-hien	330 000	hab.	Total pour la préfecture : 2 005 000 hab.
Hieou-ning	470 000	„	
Ou-yuen	550 000	„	
K'i-men	205 000	„	
I-hien	250 000	„	
Tsi-k'i	200 000	„	

Cette évaluation, qui a été faite en prenant pour base le nombre des *Pao* (保) et la densité de leur population, comprend les fermiers du *Kiang-pé*, mais non point celle à peu près égale des commerçants *Pen-ti*, répandus au dehors.

loin. Toutes les routes qui relient cette préfecture aux territoires voisins sont sillonnées par des convois qui lui apportent leurs denrées. Vers le Nord, de longues files d'ânes, de mulets, de chevaux, viennent déposer sur les marchés et les *Ma-t'eou* le riz et le coton; de nombreux troupeaux de porcs suivent les mêmes chemins, tandis que les porteurs des deux provinces voisines affluent jusqu'au cœur du *Hoei-tcheou*, qu'ils enrichissent de leurs grains et de leurs victuailles.

Industries. J'ai parlé plus haut du génie commercial des gens de ce pays. C'est la note commune de toute cette région; mais chacune des six sous-préfectures a sa spécialité de négoce. Les habitants de *Hieou-ning* dirigent les monts-de-piété, et ont aussi quelque part dans les banques. Ils se servent d'une écriture de convention dont eux seuls ont le secret. Ceux de *Hi-hien* sont de préférence à la tête des banques; ceux de *I-hien* fournissent des marchands de drap et des tailleurs; ceux de *Tsi-k'i*, des maîtres d'hôtel et des marchands de grains. Enfin ceux de *K'i-men* et de *Ou-yuen* s'adonnent principalement au commerce du thé, production dont leur territoire est plus largement pourvu que celui des 4 autres sous-préfectures.

Fortune. Les grosses fortunes sont principalement de *Hieou-ning* et de *Hi-hien*. Dans un seul village appartenant à *Hieou-ning* et appelé *Chang-chan*, on dit qu'avant les rebelles, sur 200 familles qui le composaient, cent possédaient chacune un million de taëls. Ce fut le commerce du thé à Canton qui, dit-on, les enrichit ainsi. Le nom significatif de 百百萬 est resté à cette localité.

Actuellement encore, malgré les ruines accumulées par la rébellion des *T'ai-p'ing* et le bas prix du thé, les millionnaires ne sont pas rares au *Hoei-tcheou*.

Thé. La production qui a enrichi le plus ce pays est le thé. Mais depuis 10 à 15 ans, la concurrence des thés étrangers a fait tellement baisser les prix sur les marchés de Chine, que la culture et le négoce donnaient dans ces dernières années des avantages très problématiques. En 1888, il y eut reprise; le prix ayant haussé notablement, l'exportation reprit avec activité, et une grande quantité de fabriques, fermées depuis plusieurs années, se sont ouvertes de nouveau. Le seul bourg de *T'oen-k'i* occupe ainsi, pendant l'automne, une moyenne de 500 ouvrières dans chacun des 60 *Tse-hao* (字 號) qui ont été rendus récemment à l'industrie du thé. C'est surtout le territoire de *Ou-yuen* qui fournit aux fabriques les mains dont elles ont besoin, pour la préparation de la précieuse denrée, destinée à la consommation des Européens.

Le *K'i-men-hien* donne le thé rouge; les 5 autres *Hien* préparent le thé vert. Le premier se vend à *Han-k'eou* (漢 口), l'autre à *Chang-hai*. Depuis que les steamers font le service du *Kiang*, l'on a renoncé au long voyage de Canton, qui s'accomplissait autrefois en remontant les torrents du *Kiang-si* et en descendant ceux de la province de *Koang-tong* (廣 東). Nous lisons ceci dans les *Chroniques* du *Hoei-tcheou-fou* : «Le thé que produit la montagne *Song-lou* (松 蘿) est le meilleur. On «distingue les variétés *Tsio-ché* (雀 舌), *Lien-sin* (蓮 心) et «*Kin-ya* (金 芽).» La dénomination générique de *Song-lou* comprend aussi les thés produits par le *Ning-kouo-fou*.

Le pays est beau, sain et agréable. L'aspect de ses montagnes est grandiose. Elles sont garnies de pieds de thé, de bambou, de cunninghamia (*chan-chou* 杉 樹), bois d'une grande utilité. Celui qui croît dans le *Ou-yuen* est renommé dans toute la Chine. Le camphrier (laurus camphora 樟 樹) atteint dans cette région des dimensions prodigieuses. *Arbres.*

Ces montagnes et le pays en général abondent en bois de construction ; ceux des forêts de *K'i-men* et de *Ou-yuen* descendent en radeaux les torrents qui se jettent dans le lac *P'o-yang*. Les autres prennent le chemin du *Tché-kiang*.

Hieou-ning est le centre d'une industrie qui a enrichi ceux qui l'exercent. C'est cette sous-préfecture qui approvisionne d'encre toute la Chine, où ses fabricants comptent pour la vente des succursales dans les ports les plus fréquentés. L'exportation de ce produit à l'étranger est assez considérable. *Encre.*

L'encre de *Hou-k'ai-wen* (胡 開 文) est connue du monde entier. Cette famille, du *Tsi-k'i-hien*, habite la ville de *Hieou-ning* depuis plusieurs générations.

Elle vend ses produits depuis 300 sapèques jusqu'à 48 taëls la livre, contenant 30 à 32 morceaux ou bâtons de taille moyenne. Le noir de fumée dont se compose cette encre est classé comme qualité suivant les matières qui l'ont produit et suivant son degré de finesse. La première classe s'obtient par le vernis et l'huile de sésame; la seconde, par la même huile et la graisse de porc; la 3e se tire de l'huile de colza; la 4e de l'huile *T'ong-yeou (Elæococca vernicifera*, 桐). Chacune de ces matières comprend elle-même des encres de qualité fort différente, selon la lenteur plus ou moins grande et le nombre de mèches employées. La pâte, faite de noir de fumée et de colle (*Kao-choei)*, est battue sur des billots en bois par des masses d'acier. Deux bons frappeurs peuvent ainsi préparer par jour 80 morceaux d'une demi-livre chacun, auxquels ils additionnent une certaine quantité de musc et de feuilles d'or. Ces dernières, destinées à donner à la pâte un éclat métallique varient de 20 à 160 par livre. Des moules en bois sculpté reçoivent la matière ainsi préparée; après la dessiccation, qui demande environ vingt jours quand le temps est beau, l'on ébarbe les bavures et l'on dore. *Fabrication.*

Les travaux de vernis de *Hieou-ning* ont aussi une réputation méritée. Disons enfin que les vallées de *K'i-men-hien* envoient, flottée sur leurs torrents, jusqu'aux fabriques de *King-* *Vernis.*

tê-tchen (景德鎮), une grande quantité de bois de chauffage, pour la cuisson de la porcelaine. On trouve aussi dans les mêmes montagnes la pierre dont on fait la poudre et la pâte de *Kaolin*. Ce dernier mot doit vraisemblablement son origine à un col élevé nommé (高嶺) *Kao-ling*, qui relie le territoire de *K'i-men* à celui de *Kien-tê-hien* au Nord-Ouest.

Mines. «Il y a, écrivait le P. Du Halde, dans les Montagnes, des «Mines d'or, d'argent et de cuivre.» Malheureusement, les préjugés superstitieux du *Fong-choei* (風水) s'opposent à l'exploitation régulière de ces trésors. L'on craindrait, en creusant des puits ou en dégradant les formes d'un rocher, d'attirer sur la contrée les vengeances du *Dragon*, dont les mineurs auraient troublé le repos et atteint la veine (龍脈). Tout au plus ose-t-on exploiter superficiellement quelques carrières de schistes et de calcaires pour les besoins de l'industrie et du bâtiment; mais nul n'oserait fouiller le sol profondément pour lui dérober ses richesses métalliques.

L'an dernier, au mois de Décembre, l'un de nos missionnaires, soupçonné d'employer à la reconnaissance des gisements du *Ou-yuen*, les yeux d'Argus que la population ignorante et fanatique prête à tout européen, vit un de ses catéchistes assassiné à ses côtés.

La chaîne de *Hoang-chan* (黃山), située au Nord-Ouest de la préfecture, est fameuse entre toutes par ses pagodes, son aspect pittoresque, ses sources thermales et ses dépôts métallifères. Il y a quelque vingt ans, des mineurs, rompant avec les ridicules traditions du passé, s'installèrent dans ces gorges sauvages qu'ils commencèrent à exploiter. Mais bientôt, l'amour aveugle du lucre et le défaut de police ayant donné occasion à des meurtres, les mandarins trouvèrent plus commode d'interdire ces travaux qui contrariaient leur paix et leurs antiques préjugés.

Habitations. Les habitations du *Hoei-tcheou* peuvent être dites confortables, si on les compare à celles que l'on rencontre dans les autres parties du *Ngan-hoei*. Un grand nombre d'entre elles sont bâties avec un vrai luxe : les murs en briques et les colonnes sont portés sur des bases de grès rouge, de marbre ou de granit finement sculptées. Les colonnes et les boiseries intérieures sont délicatement fouillées, et j'ai vu dans les demeures de simples paysans du *Ou-yuen-hien*, des scènes historiques ou mythologiques, sculptées dans de grands panneaux avec une délicatesse incroyable. Les artistes qui ont produit ces chefs-d'œuvre à bon marché sont d'ordinaire des ouvriers du *Kiang-si* ou du haut *Ning-kouo-fou*.

Les maisons sont presque toutes à étages et fort élevées. Les villages sont d'ordinaire situés au bord d'un torrent, dont les eaux limpides, contenues dans un quai de belles pierres bordé de rues à l'aspect animé, contiennent de gros poissons auxquels les disciples fervents de Bouddha garantissent une paisible existence.

P'ai-leou, Ts'e-t'ang.

Adossées à des montagnes bien boisées, ces superbes constructions présentent de loin un coup d'œil enchanteur, et lorsque le voyageur, au détour d'une montagne, aperçoit un de ces villages, qui contient parfois jusqu'à trois mille familles, il se croirait subitement transporté dans une des plus jolies villes de son pays natal.

Le touriste qui aurait le temps d'étudier quelques-uns de ces monuments, qui pourrait fixer sur un album les silhouettes de ces kiosques et de ces pagodes, de ces imposants *P'ai-leou* (牌 樓) arcs de triomphe, qui décorent les villes et les faubourgs de *Hieou-ning* et de *Hi-hien;* celui-là surtout qui reproduirait les traits de ces grandioses *Ts'e-t'ang*, dont on voit jusqu'à dix et vingt s'élever dans un même village du *Ou-yuen*, rendrait un véritable service à la science, et son œuvre donnerait de l'architecture chinoise, une idée plus complète que les rares travaux parus jusqu'à ce jour. C'est surtout dans ces *Temples des ancêtres* (dits 祠 堂) que se retrouvent les lignes les plus gracieusement caractéristiques du génie ou de l'art chinois, appliqué aux constructions.

Ponts.

Les ponts n'attirent pas moins l'attention des étrangers : de puissantes familles ont gratifié leur pays de ces travaux utiles, et les communautés veillent avec un soin jaloux à la conservation de ces œuvres d'intérêt commun. Rien de plus hardi que ces arches, dont la courbe formée de longues dalles cintrées, mesure parfois une portée de 15 mètres et plus. J'ai relevé dans mes notes de voyages les particularités les plus remarquables de ces ponts; il serait fastidieux de les énumérer ici. Hâtons-nous du reste d'ajouter, qu'à part quelques ponts plats que l'on trouve en plusieurs endroits, les autres sont en général construits sur le même plan que ceux que l'on rencontre dans la plaine de *Chang-hai.* La faible épaisseur et la trop grande longueur des claveaux, qui forment la voûte de ces ponts, me font penser que de pareils travaux ne résisteraient pas à de lourdes charges.

Notes de voyage.

Qu'il me suffise, à titre d'exemple, de transcrire ici quelques lignes des notes prises dans un récent voyage : «31 Oct. «1889; à 1h. 32, laissé à gauche un beau pont de 7 arches; «1 h. 45, rencontre d'un 2ᵈ torrent venant de gauche et se réunis- «sant au premier; un 2ᵈ pont assez éloigné s'aperçoit devant «nous, traversant ce nouveau bras d'eau. Il me semble qu'il «mène à la porte du Nord de *Hoei-tcheou-fou;* 1 h. 48, arrivé au «faubourg; 1 h. 49, nous traversons un 3ᵉ pont de 16 arches «conduisant au *Si-men;* sa longueur, culées comprises, est «d'environ 300 mètres; il est magnifiquement dallé et fort «large.»

Quelques jours plus tôt, je notais les détails suivants : «17 «Oct. Trois minutes après avoir traversé le *Ma-t'eou* de *Ts'ing-hoa-*

«*chan* (清華山). 20 grandes tables de pierres gravées rappelant «les noms des souscripteurs, qui ont élevé un pont de 5 arches «que nous traversons. Presque tous ces ponts sont munis, à «une de leurs extrémités et dans le sens de l'axe, d'une stèle «ou d'une tour, destinée à détourner la venue des mauvais «esprits. Ce peuple est extrêmement superstitieux... La route «est dallée de pierres mesurant 1^m sur 1^m50... Dîner à *Hoa-«yuen* (花園), de 11 h. 45 à midi 24. A 12 h. 34, passé à *T'ouo-«k'eou* (沱口), village très pittoresque. En sortant, nous sur-«plombons le torrent, des parapets en pierre nous protègent du «précipice. Travaux grandioses; puis beau pont à 3 arches et «inscriptions des contribuables... A 1 h. 31, passé *Chan-k'eng* «(山坑); tour octogonale à 7 étages, en face d'une stèle hexa-«gonale fort élevée, qui couronne un pic dont le torrent baigne «le pied... A 2 h. 7, pont couvert, suivi d'un *Liang-t'ing* (涼«亭); 3 arches. Les piles, à éperons recourbés, ont 6^m50 de «largeur, et en amont, dépassent le tablier du pont de 7 mètres. «Sur le prolongement d'une pile, en aval, petit sanctuaire dédié «à la déesse *Koan-yn* (觀音).»

Routes. Je relève sur mon carnet, à la date du lendemain, 18 Oct., les détails suivants, qui donneront une idée assez exacte du soin accordé par la population du *Hoei-tcheou* à l'entretien de ses routes. «De 8h. à 8h. 40, ascension du col de *Tché-ling* «(浙嶺) au pas accéléré. Là-haut, un lettré a écrit au pinceau, «sur les murs de la pagode : 2 700 degrés. En donnant 3 pou-«ces à chaque marche, cela fait à peu près 800 mètres de hau-«teur. Le dallage de ce col a été fait sous le règne de *Kia-k'ing* «(il y a presque un siècle) et est fort bien conservé. Vingt et «une grandes tables dressées auprès de la pagode perpétuent le «souvenir des citoyens généreux qui ont contribué à cet impor-«tant travail. On a inscrit les noms de tous les donateurs; «les uns ont donné 100 sapèques; d'autres, jusqu'à 30 et 40 «taëls.»

Travaux publics. Bien entendu, les mandarins ne sont pour rien dans ces travaux. Les familles influentes par leur position, leur science ou leur fortune, les notables *Chen-tong* (紳董) en ont seuls l'initiative et la direction. Ce sont eux qui décident de l'urgence d'une souscription publique, en font circuler les listes et surveillent l'emploi des fonds. Ce sont eux pareillement qui prohibent l'emploi des brouettes sur le territoire de la préfecture. Ces véhicules qui ruinent promptement les routes les plus solidement construites, n'ont point le droit de circuler au delà d'une zône très étroite concédée sur les confins du *Hoei-tcheou*. Arrivés au terme de cette concession, les brouettiers confient à l'aubergiste la garde de leur instrument, moyennant une redevance de 3 sapèques par jour, puis armés du *Pien-tan* (扁擔), ils vont porter plus loin les objets de leur négoce.

De belles routes relient chacune des sous-préfectures avec le *Fou;* d'autres, qui ne le cèdent guère aux premières, font communiquer les sous-préfectures entre elles, et celles-ci avec les pays voisins. Que ne peut-on en dire autant du reste du *Ngan-hoei!* Voilà pour la qualité. Ajoutons cependant que l'étroitesse de ces voies, jointe à la raideur de leurs pentes en beaucoup d'endroits, s'oppose absolument à ce qu'elles soient carrossables. Quant au nombre, il est bon d'observer une fois pour toutes, que les chemins et sentiers sont infinis, et cette dernière remarque s'appliquera à plus forte raison aux pays de plaines.

Sécurité.

La vigilance des notables s'étend aussi à la sécurité publique. Les mendiants sont fort rares dans le pays; et cela tient, je pense, en grande partie, à la richesse des habitants, mais plus encore à la constitution de la famille. Ce pays offre dans le *Ngan-hoei* le spectacle unique de familles très nombreuses, groupées compactes dans les mêmes vallées, à l'ombre des mêmes temples, inscrites dans les mêmes registres généalogiques *Kia-pou* (案 譜), possédant les mêmes fonds communs (公 衆), et soumises pour toutes les affaires d'ordre intérieur à l'autorité des anciens, qui forment le conseil puissant et respecté du groupe familial.

La passion de l'opium, qui commence à s'introduire dans les campagnes, ne tardera malheureusement point à renverser la force de ces institutions, dont l'observation pendant de longs siècles a été la principale sauvegarde de cette région.

Auberges.

Les hôtelleries et auberges du *Hoei-tcheou*, sans rien offrir qui rappelle le confort ni même la propreté des hôtels d'Europe, sont pourtant bien supérieures à celles du *Wan-pé*. Les voyageurs, que leur trop mince bagage ou leur mine suspecte désigne aux défiances des aubergistes, sont exclus par ceux-ci de l'hospitalité commune, et une surveillance assez stricte est exercée par les indigènes du *Hoei-tcheou* sur les étrangers qui séjournent dans leurs confins.

Transports.

Les transports, nous l'avons dit, s'opèrent de diverses façons.

Par porteurs. — Le coût moyen est de 7 sapèques par *li;* la nourriture est alors aux frais des porteurs. On peut aussi les prendre à la journée; dans ce cas on les nourrit, et ils reçoivent au plus 150 sapèques par jour comme 工 錢. Il faut en outre leur payer le retour; de ce chef il suffit communément de leur donner pour 100 *li* : 1°) 100 sapèques pour la nourriture, 2°) et autant pour prix de leur course 脚 錢.

Ces dernières conditions sont également celles des courriers et commissionnaires.

Un grand nombre d'habitants de la frontière se font porteurs à leur propre compte. Ils vont par exemple de *Tong-men* (董 門) à *Chang-k'i-k'eou* (上 溪 口) porter des œufs, de la volaille et autres denrées. Ce dernier bourg est un entrepôt considérable de sel, dont ils rapportent une lourde charge au pays. Il arrive parfois que, tout compte fait, ces pauvres gens ne retirent guère qu'un bénéfice de 50 sapèques par jour pour les indemniser des peines de ce long et fatigant voyage.

Par barques, les transports se font à des conditions assez normales. De *Chang-hai* à *T'oen-k'i* (1200 *li*), le frêt des marchandises varie de 10 à 20 sap. par livre; soit une à deux mexicaines par picul (*tan* 擔), assurance (包) comprise.

Les bêtes de somme dont on se sert sur les chemins du *Hoei-tcheou* venant en grande partie du *Ning-kouo-fou*, nous en reparlerons plus tard.

Voyageurs. Les frais de barque sont peu considérables pour les voyageurs qui descendent le torrent et consentent à vivre en communauté avec d'autres voyageurs qui leur sont étrangers. Le Père Frin, à qui je dois presque toutes les notes qui précèdent, descendit une fois dans ces conditions à *T'oen-k'i* de *Hang-tcheou* (700 *li*), et ne paya que 900 sapèques pour sa personne et celle de ses deux compagnons indigènes. La nourriture, 30 sap. par repas, pour le riz et un plat de légumes, n'était point comprise dans cette modeste somme. Mais les fréquentes escales que les bateliers font alors pour les besoins de leur commerce, plus encore que la gêne d'une vie commune menée avec les voyageurs indigènes, rendent ce mode de voyage difficile aux Européens.

Une barque convenable descendant de *T'oen-k'i* à *Hang-tcheou* et dont on se réserve l'usage exclusif, ne coûte guère plus de 4 à 5 piastres. Et au temps des grandes eaux, trois jours suffisent pour parcourir ce trajet.

La modicité de ces prix est due en partie à la facilité de la navigation, en partie à ce que les barques ont peu de marchandises à porter au *Tché-kiang*. Des raisons tout opposées expliquent comment les prix sont doublés ou triplés lorsqu'il s'agit de remonter au *Hoei-tcheou-fou*. Ainsi une fois, le même missionnaire dut payer vingt mexicaines pour se rendre de *Hang-tcheou* à *T'oen-k'i*. La barque qu'il avait prise et qui transportait tout le mobilier d'une chapelle, pouvait porter environ 30 piculs. Les bateliers s'étaient engagés à remonter en dix jours, et ils purent gagner 48 heures sur le terme de leur engagement.

Les voyages par terre se font en chaise. Il est vrai qu'un nombre relativement bien restreint de voyageurs use de ce véhicule. Le Chinois est un peuple essentiellement marcheur, au moins dans nos contrées; le culte des caractères et la conscience de leur dignité peuvent seuls faire oublier aux lettrés chinois qu'ils ne sont point d'une autre nature que les autres représentants de leur race. Ils se prélassent donc dans une chaise, et ce luxe, au *Hoei-tcheou*, n'est point coûteux pour ces seigneurs, car ce sont leurs serfs qui les portent pour leur corvée.

Les étrangers qui veulent louer une chaise doivent donner à peu près 7 sap. par *li* à chacun des porteurs.

Outre la chaise ordinaire, droite et légère, et telle qu'on la voit dans la plaine de *Chang-hai*, il en est une autre plus commode, dont se servent surtout les commerçants en thé : son dossier renversé permet d'y prendre une posture moins gênante que dans la litière ordinaire. Des arcs en bambou recouverts de toiles huilées forment une sorte de tente au-dessus de ce siège, connu ici sous le nom de *Teou-tse*.

J'ai prononcé tout à l'heure le nom de serfs. C'est qu'en *Serfs.* effet le *Hoei-tcheou-fou* en renferme un grand nombre. On m'a assuré que la sous-préfecture de *K'i-men* compte $^2/_3$ d'esclaves parmi sa population, celle de *I-hien* la moitié, et les autres sous-préfectures à peu près un tiers, sauf celle de *Ou-yuen* qui n'en aurait pas $^1/_6$.

Comme il n'entre point dans notre sujet de traiter cette question du servage, nous ne dirons rien de son origine, ni de ses conditions, quoique de tels détails ne manquent point d'intérêt.

Outre les serfs attachés à la glèbe, il existe dans plusieurs *Ma-t'eou* du *Hoei-tcheou*, dans celui de *T'oen-k'i* notamment, une classe de bateliers dont la coutume a fait une vraie caste de parias. Ils descendent, assure-t-on, d'anciens révoltés du *Fou-kien* (福 建), transportés depuis plusieurs dynasties au milieu de ces montagnes. Ils sont incapables d'acquérir un immeuble sur terre, ou de s'y établir, et ils ne peuvent concourir aux examens. Le seul port de *T'oen-k'i* possède 200 barques de ces familles appartenant à quatre *Sing* (姓) seulement; un autre *Ma-t'eou* peu éloigné en compte 150.

Il est temps de clore ce premier chapitre. L'intérêt spécial *Conclusion.* qui s'attache à cette préfecture excusera, croyons nous, la longueur du récit que nous lui avons consacré. Nous expédierons plus rapidement ce qui nous reste à dire des autres préfectures (1).

---

(1) Je crois que les amateurs de raretés trouveraient de fort belles choses dans cette préfecture, que ses richesses, ses industries, sa proximité de *Kin-té-tchen*, avaient prédisposée depuis des siècles à devenir un musée des raretés chinoises.

Nous regrettons de n'avoir ni le temps, ni les connaissances suffisantes, pour traduire au cours de cette étude un chapitre intéressant des *Chroniques générales du Ngan-hoei*, intitulé 物產, qui énumère les productions de la province. Il occupe le volume (卷) 85e dans l'édition de 1878 du 安徽通志.

2. PRÉFECTURE DE *TCH'E-TCHEOU-FOU.*

Position géographique. La préfecture de *Tch'e-tcheou*, située sur la rive droite du *Kiang* qu'elle borde sur un parcours de 188 kilomètres, comprend 6 sous-préfectures. Trois d'entre elles, situées sur les bords du fleuve, voient une partie de leur territoire exposée périodiquement aux ravages qu'occasionnent les crues. Au milieu c'est *Koei-tch'e-hien* (貴池), dont le chef-lieu se confond avec la préfecture; de Mai à Novembre, la plaine qui entoure ses murailles se transforme en un vaste lac, qui ne mesure pas moins de 50 *li* de l'Est à l'Ouest, et 10 du Nord au Sud. Le nom de cette cité, *Tch'e* (池), *étangs, lagunes*, est donc bien justifié; et ces terres basses, produit de l'alluvion, confirment les traditions que nous avons rapportées au commencement de ce travail, sur les origines du *Nan-kiang*.

Sous-préfectures. Au Sud-Ouest de la préfecture, *Tong-licou-hien* (東流) est bâtie sur une éminence qui domine le *Kiang*. Chaque année, une grande partie de sa plaine se transforme en une petite mer, qui, vue des hauteurs voisines, avec son archipel d'îlôts sans nombre, offre à l'œil un spectacle des plus pittoresques. Enfin, au Nord-Est du *Fou*, se trouve *T'ong-ling-hien* (銅陵), ainsi nommée, je suppose, à cause du cuivre que renferment ses collines.

Au Sud de *T'ong-ling*, se trouve la sous-préfecture de *Ts'ing-yang* (青陽); puis, plus au Sud encore, celle de *Che-tai* (石埭). Enfin *Kien-té-hien* est bâtie au Sud-Est de *Tong-licou*.

Rivières et routes. Ces deux dernières villes communiquent entre elles par un canal naturel où refluent en été les eaux grossies du fleuve. C'est le bourg de *San-li-kiai* (三里街) qui sert de port à la ville de *Kien-té*, dont il n'est éloigné que de 3 *li;* les barques peuvent remonter toute l'année jusqu'à ce *Ma-t'eou* qui ne manque pas d'animation. Tandis que par son versant Nord, la sous-préfecture de *Kien-té* communique directement avec le fleuve, les eaux de sa partie Sud (南鄉), réunies en un seul torrent qui franchit les limites du *Kiang-si* à la hauteur de *Chemen-kiai* (石門街), se dirigent vers le lac *P'o-yang*. Outre le thé qui est transporté par cette dernière voie jusqu'à 九江 *Kicou-kiang*, une grande quantité de bois est expédiée aux fabriques de *Kin-té-tchen*. L'on voit sur les bords du torrent, d'immenses amas de bûches, que leurs propriétaires, se distribuant à tour de rôle le flottage exclusif de leur marchandise, jettent un beau jour à l'eau, pour aller plus bas en recueillir les éléments, dont une bonne partie reste en route, volée par des riverains peu scrupuleux.

Bassin du Sud.

De Kien-té au Fou. En se rendant par terre de *Kien-té-hien* à la préfecture, on traverse une succession de collines peu boisées, et de vallées dont plusieurs sont souvent envahies par les eaux du *Kiang* ou des torrents. Deux cours d'eau plus importants que les autres, descendus des contreforts du *Hoei-tcheou-fou*, coupent cet itinéraire, à la hauteur de *Tchang-kia-t'an* (張家灘 vel *Tchang-k'i-tchen* 張溪鎮) et de *Yn-kia-hoei* (殷家滙). Ces torrents sont navigables, et débouchent dans le *Kiang*, le premier un peu au-dessus de *Ngan-k'ing*, le second en face du bourg important de *Ts'ong-yang* (樅陽). C'est de ce dernier port que les cotons descendus du *Liu-tcheou-fou* et même d'une partie du *Lou-ngan-tcheou* se rendent par eau à *Yn-kia-hoei*. Là, des brouettiers venus du *Kiang-si* se chargent de la précieuse marchandise, et forment en repassant par le *Kien-té* de nombreux convois, auxquels les produits du *Tch'e-tcheou-fou* donnent aussi leur appoint.

De *Tch'e-tcheou* à *Ts'ing-yang*, le pays est d'un aspect gracieux; c'est une suite de vallons bien habités et assez fertiles. A certains mois de l'année, vers la fin de l'automne surtout, cette route est sillonnée par un nombre infini de pèlerins, venus quelquefois de fort loin pour rendre leurs hommages au dieu des enfers, *Ti-tsang-lao-yé* (地藏老爺), dont les temples couronnent les crêtes de *Kieou-hoa-chan* (九華山) élevées de 900 mètres, entre *Ts'ing-yang* et *Che-tai-hien*. — En été, il faut faire plus de 10 *li* par eau sur cette route. *Du* Fou *à* Ts'ing-yang.

A peu près à moitié chemin de *Tch'e-tcheou* à *T'ong-ling*, un cours d'eau venu de l'Est et du Sud-Est, après avoir traversé plusieurs plaines basses inondées au temps des crues, se jette dans le *Kiang*, à la hauteur du bourg de *Ta-t'ong* (大通). L'importance commerciale de cette dernière place a considérablement diminué, depuis que les escales régulières des steamers sur le bras gauche du *Kiang* ont attiré les transactions sur l'île voisine de *Ho-yué-tcheou* (和悅洲). La branche Est du torrent de *Ta-t'ong* est navigable jusqu'à *Mou-tchou-t'an* (木竹潭); celle du Sud-Est conduit à *Ts'ing-yang*, mais les barques sont obligées de s'arrêter à plusieurs *li* de la ville; soit à *Yuen-k'eou* au temps des crues, soit même plus loin, dans la saison d'hiver. *De* Ta-t'ong *à* Ts'ing-yang.

Les routes les plus fréquentées de la partie Sud-Est de la préfecture, sont celles de *Kien-té* à *K'i-men*, et de *Ts'ing-yang* à *I-hien* par *Che-tai*. *Routes du Sud-Est.*

Le premier itinéraire comporte environ 250 *li*; il est surtout suivi par les porteurs de riz du *Kien-té*, qui vont vendre leurs grains dans le *Hoei-tcheou* et dans un coin du 浮梁 *Feou-liang-hien (Kiang-si)*. Au retour, ils rapportent souvent en fraude du sel acheté dans les dépôts du Sud-Est *(Chang-k'i-k'eou* et *Yu-t'ing)*. Ce sel, venu de *Hang-tcheou*, est beaucoup plus avantageux, comme prix et comme qualité, que celui qui se vend dans le *Tch'e-tcheou*. *De* Kien-té *à* K'i-men.

Puisque l'occasion s'en présente, disons que les réglementations arbitraires qui régissent le transport de cette denrée et surtout le trafic honteux auquel se livrent les employés de la *Contrebande.*

régie, en l'altérant, excusent un peu les entreprises de ces pauvres paysans. D'une part, chacun sait que l'expression *Koan-yen* (官), *sel officiel*, est devenue synonyme de sel immangeable, tant il est mélangé de terre et de substances étrangères ; tandis que le *Se-yen* (私), *sel de contrebande*, est toujours de belle qualité. D'autre part, on ne voit pas comment deux territoires limitrophes paient cette marchandise à des prix très divers, par ce seul motif qu'ils appartiennent à des bassins différents.

De Che-tai à I-hien. Le torrent qui passe à *Che-tai* n'est pas navigable et ne peut être utilisé que pour les radeaux. A moitié chemin de cette ville à *I-hien*, on traverse un col élevé (*Yang-tsai-ling*), qui marque à la fois les limites du *Hoei-tcheou* et le commencement de la région montagneuse. Cette première chaîne a 15 *li* de large; elle est traversée par les porteurs de riz qui viennent du *T'ai-p'ing-hien*.

Entretien des routes. La vue du *Tch'e-tcheou-fou* offre un étrange contraste avec celle du *Hoei-tcheou-fou* au point de vue des travaux publics. Dans les plaines qui bordent le *Kiang*, les routes défoncées ou recouvertes d'eau offrent des fondrières dangereuses, et les bras multiples des torrents et des arroyos qui occupent les bas fonds forcent souvent le voyageur à de longs détours.

Parmi toutes ces routes, je n'en connais qu'une seule qui porte des traces d'un pavage sérieux; et encore les rares débris de sa splendeur passée ne sont-ils guère secourables au piéton. C'est la route de *Kien-té* à *Che-men-kiai*. J'ai retrouvé sur son parcours de belles dalles qui rappelaient le marbre vert. L'empreinte des brouettes a fini à la longue par canneler le peu qui restait de ces pierres, et personne, même au sein des montagnes, ne songe à réparer ces ruines.

Montagnes. La sous-préfecture du *Kien-té* offre une série de collines élevées et de riantes vallés. C'est sur ses pentes que se cultive le thé. Bien qu'une grande partie de cette contrée soit aujourd'hui dénudée, on y trouve encore de beaux bois, lorsque l'éloignement du torrent et la difficulté du transport les ont préservés de la hache. Le roi des arbres par son port, est sans contredit le *Fong-chou* (楓 樹 Liquidambar), mais son bois est peu résistant; l'humidité et les fourmis blanches empêchent de l'employer pour les grandes constructions ; on débite ces géants en planchettes pour en faire de vulgaires caisses à thé; ils n'ont point d'autre utilité. L'arbre de construction par excellence, dans cette contrée, est le précieux *Tchou-chou* (櫧 樹), espèce de chêne vert, dont on fait des colonnes presque incorruptibles pour les habitations et les *Ts'e-t'ang*.

Arbres.

Le Kien-té. Les maisons de cette contrée bâties avant la rébellion accusent un certain goût et une aisance relative. Elles sont toutes à étage, mais elles ont comme celles du *Hoei-tcheou* le grave inconvénient d'être fort insalubres. L'étroit *impluvium*, ou cour intérieure, autour duquel les bâtiments s'élèvent en carré, devient souvent un cloaque, dans lequel doivent pulluler les germes délétères. De loin, l'on prendrait pour des citadelles ces blanches prisons aux murs élevés sur les 4 faces de l'édifice, et percés d'une porte unique et de quelques rares meurtrières qui servent de fenêtres.

L'isolement de plusieurs de ces demeures et surtout le besoin de se défendre contre les attaques à main armée des brigands venus des limites du *Kiang-si*, notamment de la sous-préfecture de *Lo-p'ing-hien* (樂平), ont fait sans doute prévaloir ce genre d'habitations, que l'on retrouve aussi dans les parties montagneuses du *Ning-kouo-fou*. *Sécurité.*

Il n'est pas d'hiver qui ne voie quelques maisons pillées, et des meurtres commis par ces aventuriers brutaux du *Lo-p'ing*, dont le nom seul éveille l'effroi chez leurs voisins.

Les forêts du *Kien-té* recèlent encore aujourd'hui un gibier abondant; on y trouve des sangliers, de beaux cerfs et des panthères. Chaque année, des bandes de chasseurs venues du *Kiang-si* traquent les cerfs pour se procurer leurs bois *(茸 jong)*, très estimés de la médecine indigène. Sa flore, assez pauvre d'espèces, est ornementale par l'abondance et l'éclat de sa floraison. Avril voit les coteaux fleuris se couvrir des mille nuances des azalées et des rhododendrons, tandis que des arbres touffus protègent durant toute l'année les villages, tapissent les hauteurs ou se répandent en gracieux bouquets dans la plaine. *Faune.* *Flore.*

A part la chaîne importante qui sépare le *Tch'e-tcheou* du *Hoei-tcheou*, le reste du pays présente peu d'intérêt au point de vue forestier. Les collines qui se succèdent jusqu'au *Kiang* sont déboisées et peu productives. *Au Nord du Kien-té.*

En revanche ses vallons et ses plaines donnent de belles moissons de riz, de coton et d'autres graines.

Les habitants du *Ts'ing-yang-hien*, bien qu'assez mous et adonnés à l'opium, ont su garder jusqu'ici le renom d'habiles commerçants, qui les égale presque à ceux du *Hoei-tcheou*. *Industrie.*

Une colline voisine de *Tch'e-tcheou*, et exploitée par la Cie du *Tchao-chang* (招商局) sous la direction d'un ingénieur étranger, fournit d'assez bon charbon aux vapeurs de la dite Compagnie. Je connais dans le *Tong-lieou-hien* une autre mine exploitée par les indigènes, *Mines.*

Une culture spéciale, celle du mûrier, donne un revenu assez considérable aux habitants du *Ts'ing-yang-hien*. Chaque année, m'assure-t-on, ils vendraient au dehors pour 200 000 taëls de soie brute. Les chaînes des collines, qui limitent à l'Est la même sous-préfecture, produisent des bambous, des *Song-chou* 松樹 (pinus sinensis) et *Pé-chou* (栢樹), qui descendent à *Ta-t'ong*, d'où ils sont ensuite dirigés sur le *Hia-kiang* (下江). Différentes herbes médicinales viennent aussi *Vers à Soie.*

de cette contrée, tandis que des divers ports qui commandent le *Kiang*, des barques chargées de riz se rendent à *Ou-hou*, d'où les steamers portent jusqu'à *T'ien-tsin* (天 津), au *Fou-kien* et à *Koang-tong* la précieuse denrée.

De Ta-t'ong à T'ong-ling.

De *Ta-t'ong* à *T'ong-ling*, la route se fait par les collines; aussi est-elle relativement assez bonne.

A Nan-ling.

Celle qui va de *Mou-tchou-t'an* à *Nan-ling* (dans le *Ning-kouo-fou)* passe également par des hauteurs et est satisfaisante.

Travaux publics.

J'ai dit plus haut que toutes ces routes manquaient complètement d'entretien. Je me trompe. Après avoir beaucoup interrogé, j'ai appris que récemment, sur le grand chemin qui conduit de *Ts'ing-yang* à *Che-tai*, une longueur de 3 *li* (1800 mètres) avait été pavée par les soins d'un *Kiu-jen* (licencié) bienfaiteur de l'humanité. De plus, un mandarin *(Kiang-fang-ting)* de *Ho-yué-tcheou*, qui depuis a été dégradé, a pris sur lui le soin de repaver la grande rue de ce *Ma-t'eou* important, et de réparer la route qui conduit à *T'ong-ling-hien*.

Quelques modestes que soient ces efforts et ces services rendus à la communauté, il est bon de les signaler; car ils contrastent avec l'incurie aussi universelle qu'égoïste qu'affectent pour de pareils travaux ceux que le peuple a qualifiés cependant du nom de *Pères et mères*.

Sur la route de *Ts'ing-yang* à *Che-tai*, quelques beaux travaux ont été exécutés par les bonzes, aux alentours de leurs pagodes; par exemple à *Lieou-eul-ling;* mais ce n'est qu'un point isolé, perdu dans un immense territoire.

Ponts.

Dans l'étendue du *Tch'e-tcheou-fou*, les torrents se passent à gué, les rivières en bac. Dans les montagnes cependant, l'on rencontre parfois des passerelles en bois, composées d'un nombre plus ou moins considérable de travées, reliées entre elles et au rivage, avec les montants qui les soutiennent, par des chaînes en fer ou des liens en bambou. Quand les eaux du torrent se gonflent, le pont de bois, renversé par la force du courant, forme une sorte de radeau qui s'applique le long de la rive. Les voyageurs n'ont alors qu'à attendre la baisse des eaux. L'absence de pont en pierres rend les excursions dans ces régions très hasardeuses, surtout à l'époque des pluies, et plus d'un missionnaire a failli y perdre la vie.

Il existe quelques ponceaux en pierre, au-dessus des ruisseaux des terrains bas, et le seul pont de quelque valeur qui m'ait été signalé est celui que j'ai vu au *Tong-men* (東 門) de la préfecture. Si j'ai bonne mémoire, il a cinq arches, mais soit défaut de construction, soit affaissement du sol, il se trouve si bas, qu'au moins une partie de l'année, ses extrémités sont plongées dans les eaux du canal.

De toutes les villes du *Tch'e-tcheou-fou*, la préfecture est la seule qui offre quelques monuments curieux. Une suite de

P'ai-leou fort bien sculptés, qui se trouve intra muros, ne serait point déplacée auprès des monuments de *Hieou-ning* et de *Hi-hien.*

Les moyens de locomotion sont, en premier lieu, la chaise à porteurs. Le prix officiel (官價) est de 8 sapèques par *li* pour les 2 porteurs; mais ce tarif minimum est ordinairement augmenté et peut aller jusqu'à 12 sapèques, s'il s'agit de voyageurs, commerçants ou autres. En plus de cette taxe, il faut nourrir ses porteurs. Si le voyageur préfère les laisser manger à leur compte, il suffit en général qu'il donne 8 sapèques par *li* et par homme. *Voyageurs.*

L'on voyage aussi en brouette. Le prix de location de cet instrument varie suivant les circonstances de temps et de distances. Si on loue un brouettier pour plusieurs jours, il ne demandera guère que 300 sapèques par étape (站) de 70 à 90 *li;* et il se nourrit lui-même. A l'époque des moissons, 400 sap. ne paraîtront point un chiffre exagéré.

Pour de plus petites courses, le prix est relativement supérieur. Ainsi pour faire les 25 *li* qui séparent *Mou-tchou-t'an* de *Ts'ing-yang*, il faut donner 200 sapèques.

Qu'il s'agisse de transporter des marchandises ou un voyageur, le prix de la brouette est à peu près le même. *Transports.*

Les porteurs coûtent moins que les brouettiers: 100 à 140 sapèques par jour, suivant la saison. On les nourrit et on paie leur retour.

Le prix des barques est variable. De *Mou-tchou-t'an* à *Ta-t'ong* (60 *li*), une barque ayant à bord deux hommes revient à 7 ou 800 sapèques. Une barque plus petite avec un seul batelier ne coûtera que 500 sapèques. *Barques.*

A *Ta-t'ong* il y a des *Tch'oan-hang* (船行), sortes d'offices de navigation, qui retiennent à peu près 1/10 sur le prix du voyage.

De *Ta-t'ong* à *Ou-hou*, on peut louer une barque de médiocre grandeur pour 1 200 sapèques. Moyennant 1 800 sap. on peut s'en procurer une dont la cabine vers le milieu mesure 6 pieds de hauteur. La coutume est d'ajouter un pourboire (酒錢) qui varie suivant les cas, et que les aides du patron se partagent entre eux.

Le transport du riz, de *Mou-tchou-t'an* à *Ta-t'ong* (36 kilom.), se fait par bateaux à raison de 60 sapèques par *tan.* Il paraîtrait que le frêt de *Ta-t'ong* jusqu'à *Ou-hou* (111 kilom.) serait à peu près le même; mais il me reste quelques doutes sur ce point.

A *Che-tai*, on peut louer des ânes et des chevaux, à raison de 200 sap. par jour. On nourrit l'enfant qui accompagne l'animal et on paie son retour.

On use encore dans certaines parties de cette contrée de chaises ou fauteuils connus sous le nom de *Pien-kiao* et *Yn-kiao.*

Auberges. Dans les auberges ou *Fan-tien*, le prix d'un repas est de 30 sapèques. Quelquefois l'on paie par tasse, et chaque tasse de riz coûte 12 sap.

Moyennant 24 sap. pour indemnité de logement, l'on peut passer la nuit sur une natte ou sur la paille dans une hôtellerie. Le prix de location d'une couverture varie entre 8 et 24 sapèques.

La qualité des auberges, de la nourriture et de l'hospitalité qu'on y trouve, au *Tch'e-tcheou-fou* est à peu près la même que celle de *Ning-kouo-fou*, dont je parlerai bientôt.

---

3. PRÉFECTURE DE *NING-KOUO-FOU*.

Position géographique. Limitée au Sud-Est par la province du *Tché-kiang* et enclavée sur ses autres faces par les 4 autres préfectures du *Wan-nan*, celle de *Ning-kouo-fou*, ainsi que les 2 précédentes, compte 6 sous-préfectures sous sa juridiction.

Torrents et sous-préfectures. Deux grands torrents, formés de plusieurs rameaux secondaires, prennent leur source dans les montagnes qui séparent le bassin du *Kiang* de celui de *Hang-tcheou*, et passent sous les murs ou à proximité de ces villes, en se dirigeant vers le Nord; ils se réunissent aux confins de la préfecture de *T'ai-p'ing-fou*, et vont enfin se décharger dans le Grand Fleuve, par plusieurs bouches, à travers les terrains d'alluvion.

Le torrent d'Est arrose *Siuen-tch'eng-hien* (宣 城), dont l'enceinte se confond avec celle de la préfecture; plus haut, il se bifurque; l'un de ses bras passe à *Ho-li-k'i*, port fréquenté qui se trouve à quelques *li* de *Ning-kouo-hien* (寧 國) et remonte jusqu'aux contreforts élevés du *Tché-kiang;* l'autre se dirige droit vers le Sud et reste navigable jusqu'à *Tong-ngan* (東 岸) et même, pour les barques de médiocre grandeur, jusqu'au *Ma-t'eou* de *Hou-lo-se* (胡 樂 司).

Le torrent d'Ouest doit une partie de ses eaux au district de *Che-tai*. Le cours d'eau parti de cette région en rencontre plus bas un second, descendu des hauteurs de *T'ai-p'ing-hien* (太 平), autre sous-préfecture du *Ning-kouo-fou*. Ces deux bras réunis deviennent navigables à *Mei-ling* (梅 嶺), à 60 *li* en amont de *King-kien* (涇). Auprès de cette dernière ville, accessible aux grosses barques chargées de sel, ils s'unissent eux-mêmes à un troisième cours descendu de *Tsing-té-hien* (旌 德) et navigable jusqu'à *San-k'i* (三 溪). Dans la partie inférieure de son cours, le torrent de *King-hien* se dirige au Nord. L'une de ses branches, la principale, gagne *Ou-hou;* tandis qu'une autre, qui s'en sépare à la hauteur de *Si-ho-k'eou* (西

Le thé en poudre 茶灰 *(Tch'a-hoei)*, qui vient du *Hoei-tcheou* par *San-k'i*, ainsi que le thé en feuilles produit par le *Ning-kouo-fou*, est dirigé en barques sur *Ou-hou*. C'est vers ce dernier port que se dirigent encore les trains de bois de pins (杉樹 *Cha-chou)* et de bambous, qui descendent des montagnes les plus méridionales de la préfecture. Les chanvres, les plantes tinctoriales sont aussi des productions du pays.

Artisans. Les populations de *Tsing-té* et de *T'ai-p'ing* qui, retranchées dans leurs hauteurs, ont su mieux que les autres se défendre contre les déprédations des rebelles, et depuis, contre l'invasion des immigrants, ont conservé intact le vieux renom d'habiles constructeurs, dont ils sont en possession depuis des siècles.

Ces deux préfectures fournissent au *Wan-nan*, et notamment aux riches familles du *Hoei-tcheou*, les meilleurs sculpteurs en pierre et en bois ; et leurs menuisiers sont même préférés, à cause de la perfection de leur travail, à ceux qui viennent du *Kiang-si*. Ce sont eux qui jadis ont construit les hôtels de *Hieou-ning* ; les rares débris qui restent de ces anciens édifices attestent à la fois l'opulence des maîtres qui ont payé,et le bon goût des ouvriers qui ont élevé ces habitations.

Maisons. Les maisons qui se voient dans les autres quartiers du *Ning-kouo-fou* et dont la construction est antérieure aux rebelles, sont généralement à étage et relativement luxueuses, si on les compare à celles du *Wan-pé*. Les immigrants ont disputé aux indigènes celles de ces demeures que le fer et le feu avaient épargnées. Le surplus de la population s'est bati des masures en terre couvertes de paille, qui lui rappellent mieux les coutumes et la pauvreté de son lieu d'origine.

Dans la préfecture voisine, celle de *Tch'e-tcheou*, les territoires de *Che-tai-hien* et de *Ts'ing-yang-hien*, qui ont aussi beaucoup souffert de la guerre des *T'ai-p'ing*, nourrissent une grande quantité de Houpénois, également parqués dans des paillottes. Le *Kien-té-hien* renferme un certain nombre d'étrangers venus surtout de la préfecture de *Ngan-k'ing* et des confins du *Kiang-si*. Les autres districts ont moins souffert et gardent à peu près intacte leur ancienne population.

C'est ici le lieu de dire qu'au *Hoei-tcheou-fou*, les sous-préfectures de *Hi-hien* et de *Hieou-ning*, qui ont été plus éprouvées, ont reçu du *Ngan-k'ing-fou* un bon nombre de cultivateurs. Mais ceux-ci, à la différence de ce qui se passe au *Ning-kouo-fou*, ne sont pour la plupart que fermiers.

Échanges. Le *Tché-kiang* fournit au *Ning-kouo-fou* du sel de contrebande, et la préfecture de *Hoei-tcheou* lui procure l'huile estimée du *T'ong-chou* (桐) et le suif du *Ou-k'ieou-chou* (烏臼 excœcaria sebifera).

Routes. La plupart des routes de ce *Fou* sont dans un état déplorable. Celles de la préfecture à *King-hien* et à *Ning-kouo-hien*, font un peu exception à cette règle générale. L'absence de drainage, de ponts et de levées suffisantes transforme souvent cette contrée en un vaste marécage, dans les plaines basses que contournent les collines.

Je citerai un exemple qui m'est plus connu. A l'époque des pluies, les communications par terre entre le *Fou* et *Kien-p'ing-hien* au Nord-Est, *Ning-kouo-hien* au Sud-Est, sont interrompues, et il faut parfois attendre 8 ou 10 jours que les eaux se soient écoulées. En dehors de la ville, notamment vers son angle S. E., la plaine présente alors l'aspect d'un immense marécage.

La route qui conduit à *King-hien* est en partie dallée et pavée sur les bords, mais le manque d'entretien la rend très difficile, s'il pleut, sur une partie de son parcours.

De *King-hien* à *Tsing-tê*, la nature du sol rend le chemin d'un usage plus facile. C'est par cette route et par celle de la vallée de *Ho-li-k'i*, que le *Ning-kouo-fou* communique le plus habituellement avec *Tsi-k'i* et le reste du *Hoei-tcheou-fou*. Le col de *Sin-ling* (新 嶺) sur les confins des deux préfectures est le lieu très fréquenté, où s'opère la jonction de ces deux routes. L'on use peu des sentiers directs qui conduisent de *T'ai-p'ing-hien* au *Hoei-tcheou*, à cause de l'altitude des montagnes à traverser.

De la préfecture à *King-hien*, à *Nan-ling* et à *Ou-hou*, les routes sont fort mauvaises, nullement entretenues. La moindre averse les défonce, et le chemin de *Ou-hou* se trouve chaque année coupé en plusieurs endroits, par les eaux que les crues du *Kiang* empêchant de descendre, forcent à envahir les campagnes.

Entretien.

Je l'ai dit, l'entretien de ces routes est nul, ou à peu près. Dans les routes de petite communication ou sentiers, qui n'ont guère qu'un ou deux pieds de large, les propriétaires riverains trouvent encore un certain avantage à recharger de terre de temps à autre et à aplanir le chemin qui borde leur propriété, menacée sans cela par les passants d'une descente dans leurs champs d'ordinaire plus bas, et d'une vindicte opérée sur leur récolte.

Mais sur les grandes routes qui ont souvent un *tchang* (丈), i. e. dix pieds, de large, il en va autrement, et les entreprises généreuses de quelques particuliers sont, à cause de leur isolement même, dépourvues de toute efficacité. Un exemple suffira. Sur la route qui conduit du *Fou* à 水 東 *Choei-tong* (sur le torrent de l'Est), voici les travaux accomplis depuis une dizaines d'années : Le *Tcheng-t'ai* a fait recharger la route de terre sur un espace de quelques centaines de pieds. Les cultivateurs voisins de cette route en ont réparé 2 *li ;* enfin, plus haut, de *Choei-tong* à *Ho-li-k'i*, un homme riche du pays a fait paver une longueur de 4 *li*.

Le reste est à l'avenant.

La même insouciance se remarque dans la conservation des ponts. J'en ai vu de fort beaux (notamment de *Choei-tong* à *King-hien*), dont les arcades à moitié ruinées achèvent de se perdre au milieu de l'apathie et du désarroi universels de l'administration. *Ponts.*

La pauvreté des immigrants, qui ont dû, à la lettre, lutter longtemps pour l'existence, avant d'acquérir une modeste aisance, qui manque encore à un grand nombre, d'autre part le manque d'entente qui persiste entre ces frères ennemis, indigènes et immigrants, qui comptent chacun et s'opposent mutuellement leurs notables distincts, sont des causes qui expliqueront pendant longtemps encore les ruines regrettables qui s'accumulent chaque jour sous nos yeux.

Depuis 20 ans, cette incurie a laissé perdre plus de ponts qu'on n'en a relevé. La ville cependant en possède un de date récente, au *Tong-men*. En revanche, le *Siao-tong-men* devenu désert ne garde plus du sien que les culées. J'en dis autant de celui de *Choang-k'iao* (雙 橋), qui plus loin vers l'Est était jeté sur un des 2 bras du torrent. Celui de *Tong-k'i-k'iao* (東 溪 橋) jeté sur l'autre bras subsiste encore. — Au S. E., à *Hia-kia-tou* (夏 家 渡), le pont a perdu une de ses arcades (1).

Vers *Ning-kouo-hien*, il existe 2 ponts à 5 arches. Vers *King-hien*, ils sont en général détruits. — Dans le Sud, 2 beaux ponts conservés, à 河 瀝 溪 *Ho-li-k'i* (8 arches) et à 15 *li* de *Tong-ngan* (東 岸), dans la localité de *Ou-kong-k'iao*.

Mais cette énumération suffit, croyons-nous.

La misère a souvent poussé la population étrangère de ces pays à de graves attentats contre les personnes et les propriétés. Une association, importée du *Hou-pé* et qui a pour but avoué le soutien mutuel contre les entreprises des brigands, constitue de fait une association de malfaiteurs qui répand déjà la terreur dans certaines vallées, et donnera peut-être un jour à réfléchir au gouvernement chinois. Ko-lao-hoei.

Cette association, dont les pratiques et les règles sont secrètes, s'appelle *Ko-lao-hoei* (哥 老 會). Elle aurait, dit-on, un but politique. Tout ce que nous savons, c'est que malgré quelques têtes coupées de temps à autre par les mandarins, cette société s'est singulièrement accrue depuis plusieurs années, dans la partie moyenne et septentrionale du *Wan-nan*. Du *Kien-té* au *Koang-té-tcheou*, les populations rurales se laissent enrôler dans le *Ko-lao-hoei*, dans l'espérance au moins de n'être point inquiétées. C'est ainsi que certaines campagnes

(1) Il vient d'être réparé cette année.

se trouvent déjà complètement engagées dans les liens de cette association (1).

Voyageurs. Le prix des transports par barque commune (*ming-tch'oan*) est d'une sapèque par *li* pour chaque voyageur, nourriture non comprise.

Barques. Une barque retenue par un seul voyageur, par exemple de *Ning-kouo-fou* à *Ou-hou* (140 *li*), varie de 1 à 3 mexicaines. Une barque contenant aisément 3 personnes en coûtera de 3 à 5; pour 7 ou 8 personnes allant de *Ou-hou* à *Ning-kouo-fou*, on a dû payer jusqu'à 18 piastres, à l'époque des examens.

---

(1) Les lignes qui précèdent étaient écrites au mois d'Août 1890. Trois mois après (7 Novembre), l'Empereur accusait réception d'un mémorial du gouverneur du *Ngan-hoei*, rapportant l'arrestation et la décapitation de quelques membres influents de la société *Ko-lao*, lesquels depuis un certain temps préparaient une rébellion sur les limites de la dite province et de celle du *Kiang-si*. Dix-sept d'entre eux, le chef compris, avaient été saisis, ainsi que les armes et les munitions en leur pouvoir. Le 27 du même mois, 沈秉成 le dit gouverneur adressait à la cour un nouveau mémorial donnant de longs détails sur cette capture et son importance.

"Ces hommes, la terreur du pays, commandaient un corps de plusieurs centaines de conjurés, et devaient lever l'étendard de la révolte à une date fixée; "organisés avec des drapeaux et des signes secrets, ils formaient, dit le rapporteur, une organisation formidable; mais grâce au juste châtiment qu'on leur "avait infligé, le pays était délivré d'une grande calamité."

Après cette prose officielle, ajoutons que le pays n'a nullement été délivré: c'est par l'armée qu'il faudrait commencer, si l'on voulait purger la Chine centrale de cette société. Chacun sait, en effet, que les camps et les forces navales, qui sont groupés le long du fleuve Bleu font presque tous partie du *Ko-lao-hoei*.

Dans son mémoire du 26 Juillet 1891, présenté à la suite des troubles récents de la vallée du *Kiang*, le *Tsong-li-ya-men* crut pouvoir rejeter la cause de tous les malheurs, sur "le grand nombre de soldats sans emploi et de malfaiteurs "engagés dans les sociétés secrètes, si répandues dans les provinces traversées "par le *Kiang*." Mais même en supposant — ce qui me semble probable — que les services de la secte aient été utilisés à *Ou-hou* et ailleurs pour ruiner les étrangers, il reste évident que les responsabilités principales de ces attentats pesaient sur des personnes plus influentes et plus éclairées que ces vulgaires malfaiteurs.

Le lecteur trouvera ci-contre le fac-simile d'un de ces "signes secrets" dont parlait *Chen Ping-tch'eng*: c'est un billet d'admission à la société.

Tout récemment (3 Octobre 1892), un mémoire au trône du gouverneur du *Kiang-si* parlait à plusieurs reprises d'un sceau en bois pris sur la personne d'un nommé 樂興保 *Lo Hing-pao*, servant à estampiller les billets d'admission des associés. Le même jour la *Gazette de Pé-kin* reproduisait un document semblable du gouverneur du *Tché-kiang*; cette seconde pièce offre ce détail remarquable que les trois principaux coupables 劉鈺貴 *Lieou Yu-koei* et les nommés 彭 *P'ang* et 米 *Mi*, originaires du *Hou-pé* et du *Ho-nan*, étaient tous trois d'anciens soldats. Les sections du *Ko-lao-hoei* auxquelles ces brigands affiliaient leurs adeptes, portaient les dénominations de 中華山報國堂 *Tchong-hoa-chan Pao-kouo-t'ang*, 太雄山忠義堂 *T'ai-yong-chan Tchong-i-t'ang*, 文武山忠義堂 *Wen-ou-chan Tchong-i-t'ang*.

Il y a des *hang* (行) auxquels le batelier abandonne le dixième de son gain. — Le pourboire peut aller à 100 sap. pour chaque *Hou-ki* ou marinier qui aide le patron.

Une chaise, prix minimum (官 價), coûte 10 sap. par *li* *Chaise.* pour deux porteurs. Si la route est courte, le prix est plus élevé. Dans les *hang*, il faut souvent 14 sapèques.

De *Ou-hou* à *Ning-kouo-fou*, les marchandises coûtent *Bagages.* 0car, 10 par *tan ;* puis autant encore, jusqu'à *Ho-li-k'i*. Si l'on *Barques.* a une bonne quantité de marchandises, le prix peut baisser à 0c, 07 ou 0c, 08.

Par mulets, la charge de 2 *tan* est d'environ un demi carolus *Mulets.* pour 60 *li*. Au Sud, nous l'avons dit, ce moyen de transport est fréquent. Les ânes portent un *tan* de *Ho-li-k'i* à *Tong-ngan* (60 *li*) pour 280 sap. Les porteurs sont payés le même prix *Porteurs.* pour la même course.

Les porteurs de profession qui vont au *Hoei-tcheou* demandent 200 sapèques, plus la nourriture pour 70 à 80 *li*. Ils peuvent porter 100 livres et plus.

Les paysans porteurs se contentent de 100 à 140 sap. par jour, plus la nourriture.

Une brouette chargée de 240 livres (et même de 300, si *Brouettes.* le temps et les chemins sont beaux), parcourant environ 50 *li* par jour, demandera 3 carolus pour aller de *Ho-li-k'i* à *Hoei-tcheou* (260 *li*); la nourriture ainsi que le retour compris.

Quelques mots sur la rapidité des transports par brouettes *Rapidité des transports.* ou par porteurs ne paraîtront pas déplacés ici.

1°. Brouettes. Les brouettes chargées de 250 à 300 livres, et conduites par un seul homme, ne font *en moyenne* que 50 *li* par jour. Chargées au plus de 200 livres, elles font 70 à 80 *li*. Pour deux hommes, dont l'un tire et l'autre pousse, la charge peut être double, à égalité d'espaces parcourus.

2°. Porteurs. Des charges de 70 livres, ou de 100 à 120 livres, confiées aux portefaix, parcourent respectivement des étapes semblables à celles qui ont été indiquées pour les brouettiers. On voit par là que la brouette économise plus du double de forces; aussi se sert-on de ce moyen de transport, toutes les fois que la nature du sol le permet.

Il y a des barques de 600 *tan* qui remontent de *Ou-hou* à *Barques.* *Ning-kouo-fou* pour y charger du riz. La moyenne de ces barques est de 300 *tan*. Une de ces dernières barques peut venir du *Fou* à *Ou-hou* pour 7 carolus; le transport du coton serait à peu près dans les mêmes conditions. Mais des marchandises moins communes ont un fret notablement plus élevé.

A partir de la 5e lune, les eaux du *Kiang* refluent jusqu'à 40 *Grandes eaux.* *li* de *Ou-hou*, dans les nombreux canaux venus du Sud. Aussi les pluies qui surviennent vers cette époque sont-elles particulièrement dangereuses. Souvent les eaux rompent les digues qui protègent de vastes espaces de ces polders appellés *Wei-tse*,

i. e. *enceintes* (圍 子). Alors c'en est fait pour cet *enclos* de la récolte de l'année.

De pareils désastres sont fréquents sur les rives du *Kiang* et sur celles de la basse *Hoai*, au Nord.

Sécurité. Nous avons déjà parlé des brigands de terre. Les pirates ne manquaient pas autrefois, au milieu des lacs et des roseaux qui avoisinent le *T'ai-p'ing-fou*. Pourtant les attentats sont rares de nos jours. Peut-être ce résultat est-il dû à la prudence des voyageurs, qui, fidèles aux prohibitions des barques militaires stationnées dans ces cours d'eau, ne voyagent pas la nuit, mais restent groupés à côté d'autres barques, ou près des bourgs.

Auberges. Les auberges ressemblent à celles du *Tch'e-tcheou-fou*. La plupart sont misérables, très sales, et n'offrent aux voyageurs qu'une chambre (je devrais dire un chenil) commune. C'est juste assez pour des gens qui ont sommeil et tombent de fatigue.

Le souper et le déjeuner, hospitalité de nuit comprise, coûtent 70 sap.; une couverture se loue 28 sapèques. Le dîner, comme les autres repas, sur terre et sur eau, se paie 30 sap. Pour cette somme modique on a du riz à discrétion, du *pien-tch'a* (便 茶) et une, quelquefois 2 petites soucoupes de *ts'ai*, légumes le plus souvent salés.

Courriers. Les courriers sont à bon marché. Ils coûtent de 70 à 100 sapèques par 100 *li*, nourriture non comprise. Les lettres de faire-part pour annoncer un mariage, même à de petites distances, se paient le même prix.

---

4. PRÉFECTURE DE *KOANG-TÉ-TCHEOU*.

Situation. Cette préfecture resserrée entre celle du *Ning-kouo-fou*, à l'Ouest et au Nord-Ouest, et les provinces du *Kiang-sou* et du *Tché-kiang* au Nord-Est et à l'Est, ne contient que deux villes: celle de *Koang-té* dans la partie méridionale, et la sous-préfecture de *Kien-p'ing* (建 平) vers le Nord.

Eaux et relief du sol. Vers la pointe N. O. de son territoire, le lac *Nan-hou* (南 湖) reçoit les eaux descendues de la chaîne qui trace les limites du *Tché-kiang*, ainsi que des collines du *Ning-kouo-fou*. La portion Sud-Ouest de la préfecture est montagneuse. Un autre système de collines élevées, au N. E. du *Tcheou*, partage les bassins des 3 provinces, et se prolonge jusqu'au *Grand Lac* (太 湖)—Au delà de *Kien-tong-ts'en* (潤 東 村), en allant vers le lac, les pentes de ces collines descendent brusquement et offrent une déclivité beaucoup plus raide que celles du bassin occidental.

FAC-SIMILE

D'UN BILLET D'ADMISSION A LA SECTE *KO-LAO-HOEI.*

Ce billet est un morceau de toile blanche large de 25 centim. sur 18 de hauteur. A droite du cachet cen[t] nous donnons la reproduction, se trouve écrit en rouge le nom (姓名) du récipiendaire; à gauche est tr[...] [ps]eudonyme de celui qui agrège.

Le cachet porte à son centre la devise 義氣當先 "L'esprit d'union avant tout!" Les douze caractères hiérog[...] [...]és qui l'entourent doivent se lire ainsi, trois à trois: sur les lignes horizontales du haut et du bas, en comm[...] par la droite: 興雲山 et 聚貴堂, noms particuliers d'une section. Sur les lignes verticales de dr[...] gauche on lit; 春天水 et 漢雲香. Les deux caractères 水 "eau" et 香 "encens" comparés à ceux d[...] [...]d billet figuré d'autre part, fournissent deux nouveaux signes auxquels les membres de la secte peuvent se reconna[...]

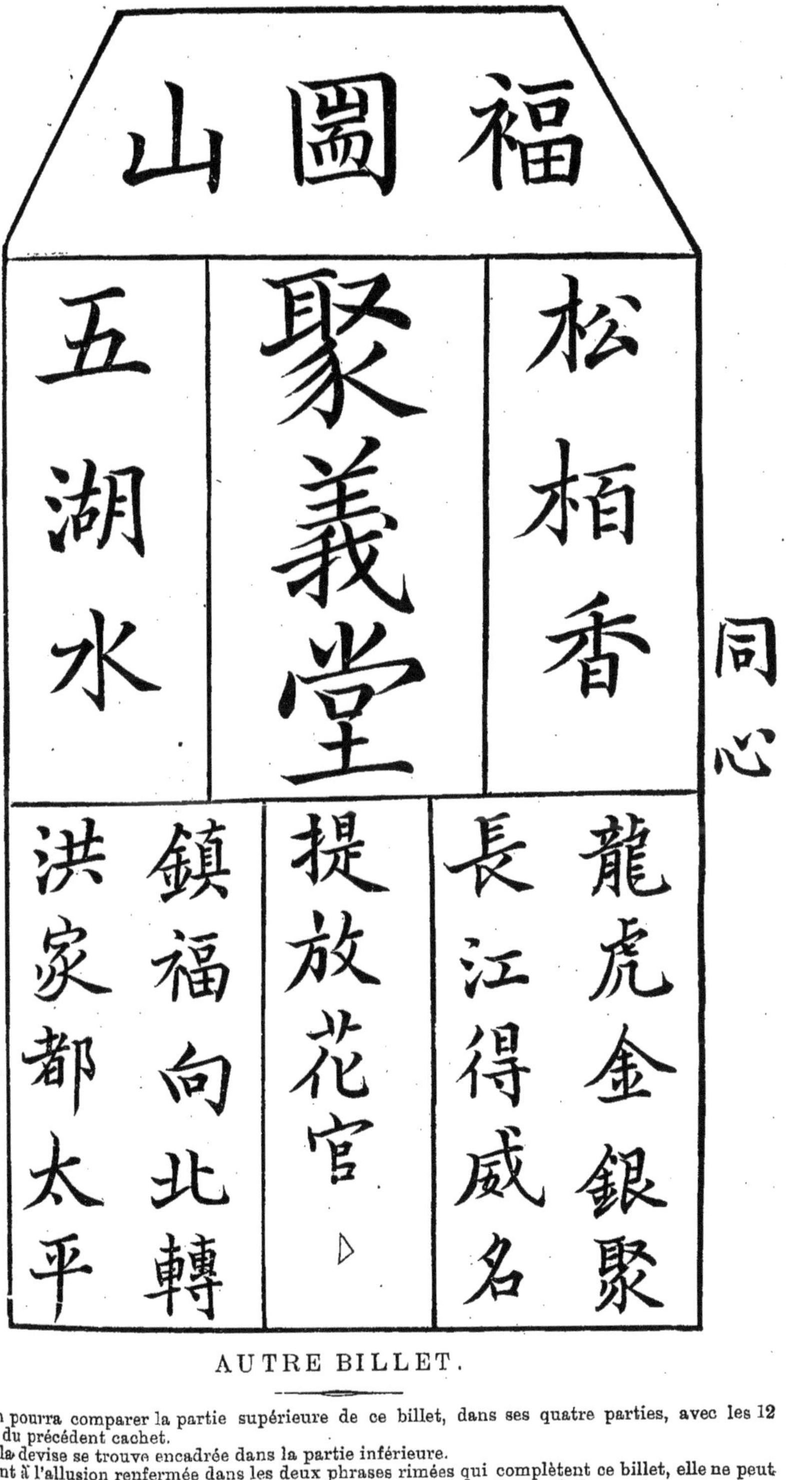

福圖山

松柏香	聚義堂	五湖水

同心

龍虎金銀聚	長江得威名	提放花官	鎮福向北轉	洪家都太平

AUTRE BILLET.

on pourra comparer la partie supérieure de ce billet, dans ses quatre parties, avec les 12 s du précédent cachet.

i, la devise se trouve encadrée dans la partie inférieure.

ant à l'allusion renfermée dans les deux phrases rimées qui complètent ce billet, elle ne peut sser de doute sur les intentions révolutionnaires, anti-dynastiques, de leur auteur.

fi 4 petits caractères posés sur les côtés et en dehors du cadre recommandent l'unité de ts et le concours dans l'effort.

Il est vraisemblable que c'est par *Se-ngan* (四安司) grand *Ma-t'eou* du *Tché-kiang*, que s'écoulaient autrefois vers le *T'ai-hou*, les eaux de la vallée de *Koang-té-tcheou*. Aujourd'hui encore, cette route, qui est fort suivie pour les transports, est tracée le long d'une large vallée ininterrompue, sorte de plaine assez basse de formation récente, et dont les eaux qui hésitent maintenant à choisir leur direction vers le Sud-Est ou vers le Nord, ont dû être peu à peu séparées sur le seuil des bassins actuels, par les apports constants de sables descendus des collines voisines.

La route du Nan-kiang.

A l'époque des grandes eaux, le lac *Nan-hou* inonde les plaines qui se trouvent sur ses rives Ouest et Sud-Ouest, et l'on peut à cette époque communiquer du lac avec *Ning-kouo-fou* à peu près directement, au moyen de canaux qui ne sont pas figurés dans notre carte. Ces bas-fonds marquent sans doute l'itinéraire de quelque ancien bras secondaire du *Kiang*.

Torrents.

Le torrent de *Koang-té-tcheou* présente des gués dangereux par leurs sables mouvants, et sa navigation devient de jour en jour plus difficile. Des barques longues et très légères peuvent cependant encore remonter jusqu'à la préfecture, pendant la plus grande partie de l'année. A *Kien-p'ing*, ce cours d'eau devient navigable même pour de fortes barques. Il reçoit, à quelque distance en aval de cette sous-préfecture, un affluent qui draine la partie Ouest du *Fou* voisin, et peut être remonté par des barques moyennes jusqu'au bourg de 誓節渡 *Che-tsié-tou*.

Enfin un autre bras venu de l'Est, rejoint au bourg de *Tong-hia*, entre *Kien-p'ing* et le *Nan-hou*, le torrent principal.

Les désastres dont cette préfecture a été victime à l'époque de la dernière rébellion, l'immigration qui les suivit, expliquent assez l'état d'infériorité dans lequel elle se trouve encore de nos jours, au point de vue de la fortune.

Bois.

Il y a 15 ans, les hautes collines du S. O. et les ondulations qui relient le *Tcheou* à *Kien-p'ing*, étaient couronnées de belles forêts de pins *(Song-chou)*, de chênes *(Tchou-chou)*, de rhus *(Hoang-li-chou* 黃栗樹), qui étaient activement exploitées et fournissaient au marché de *Se-ngan* une grande quantité de planches. Aujourd'hui toutes ces hauteurs, dévastées par les pillards venus de l'Ouest, sont honteusement dénudées. Peut-être, le tribut auquel elles sont soumises, ainsi que celles de *Ning-kouo-fou*, bien qu'assez modique en lui-même, s'opposera-t-il longtemps encore à leur reboisement régulier. Les montagnes du *Kien-té-hien*, qui ne sont point grevées de cette charge, doivent probablement à la faveur dont elles jouissent l'avantage d'être mieux gardées et d'être protégées par leurs propriétaires contre le vandalisme des étrangers.

A ma connaissance, une seule localité, celle de *Pi-kia-k'iao* (畢家橋), est en bonne voie de reboisement. C'est une colonie originaire du *Fou-kien* (福 建), qui s'est emparée des collines de ce bourg important, et y plante avec succès le thé et le *Song-chou*, tandis que les immigrants du *Hou-pé* et du *Ho-nan*, plus paresseux et moins industrieux, se contentent de faire valoir les terres basses.

Routes. Ici les routes valent ce que valaient celles du *Ning-kouo-fou*. L'entretien est nul, et quand il pleut, les chemins défoncés présentent aux voyageurs une série d'affreux bourbiers.

Ponts. J'en dis autant des ponts dont aucun n'a été refait depuis la rébellion. A *Kien-p'ing*, un beau pont, dont on ne voit plus aujourd'hui que les culées, franchissait le torrent. Il fut depuis remplacé par un pont de bois, qu'une crue des eaux emporta un beau jour, sans qu'on l'ait depuis remplacé. A la porte Nord de *Koang-tê-tchou*, l'on passe un pont en bois, qu'emporte souvent le courant.

Ailleurs, c'est le torrent qui s'est déplacé, laissant à sec le pont de pierre bâti dans des temps plus heureux. C'est ainsi qu'à côté de *Che-tsié-tou* une belle arche aux trois quarts enfouie dans le sable, à quelque distance du cours d'eau, marque au voyageur l'ancien lit qu'elle dominait. A 20 *li* au Nord de *Yué-wan-kiai* (月 灣 街) un autre pont d'une dizaine d'arches se trouve également ensablé.

Il ne reste plus que quelques ponts de médiocre importance, et plusieurs passerelles en bois, du genre de celles que j'ai plus haut signalées dans le *Tch'e-tcheou-fou*. — Ailleurs on passe les cours d'eau à gué ou en bac.

Produits. Le pays cependant offre des ressources qui suffisent à nourrir sa population et permettent même d'exporter une partie de ses produits. Le *Nan-hou* est très poissonneux. La sous-préfecture de *Kien-p'ing* vend une partie de son riz au *Kiang-sou*. A *Mei-tchou* (梅 渚 司), bourg situé à 32 *li* N. E. de *Kien-p'ing*, commence un canal qui va se jeter un peu plus bas dans celui qui relie *Tong-pa* à *Li-yang* (溧 陽) dans le *Kiang-sou*. C'est à ce *Ma-t'eou* que les habitants de *Kien-p'ing* vont vendre l'excédant de leurs grains. Ils en rapportent du sel, car cette partie de la préfecture jouit du privilège de s'approvisionner directement par les canaux de l'Est. La partie Ouest, au contraire doit se fournir par les arrivages de *Ou-hou*, ce qui pour une différence de quelques *li* peut aller jusqu'à doubler les prix. C'est ainsi qu'il y a peu d'années, le sel se vendait 30 sapèques la livre, dans la ville de *Kien-p'ing*, tandis qu'il en coûtait 60 dans le territoire limitrophe du *Ning-kouo-fou*. — Vers *Lieou-wan* (柳 灣), il y a des mines de charbon inexploitées.

Transports. Il ne nous reste rien à dire sur les conditions dans lesquelles s'opèrent les voyages et les transports au *Koang-tê-tcheou*. Elles sont en général les mêmes qu'au *Ning-kouo-fou*. J'ajouterai seulement une remarque qui peut s'appliquer à presque toute l'étendue du *Ngan-hoei*. La difficulté des communications par eau, la lenteur du transport par les brouettes, la cherté du portage des chaises, ont fait préférer aux missionnaires l'emploi de la mule comme moyen de locomotion.

---

5. PRÉFECTURE DE *T'AI-P'ING-FOU.*

Cette préfecture, comme les 4 qui précèdent, composent, nous l'avons vu, le territoire du *Wan-nan*. Le P. Du Halde faisait en ces termes l'éloge de sa richesse : «La situation de «cette Ville sur le Fleuve *Yang-tse-kiang*, les deux Lacs. et les «Rivières dont ses campagnes sont arrosées, font aisément «connaître combien elle doit être opulente, et avec quelle faci«lité elle peut faire commerce. On la prendrait en quelque sorte «pour une Isle; car elle est placée au milieu de trois bras de «Rivières, qui vont se jetter dans le Fleuve. Son district ne «contient que trois Villes, dont *Vou-hou-hien* est la plus consi«dérable par ses richesses.» *Richesse.*

Ces trois villes sont échelonnées du Nord-Est au Sud-Ouest, dans la direction du fleuve. Celles de *T'ai-p'ing-fou* et de *Ou-hou-hien* (蕪湖) s'élèvent non loin de ses rives, et sont arrosées par les eaux des deux rivières qui descendent du *Ning-kouo-fou*. Au Sud-Ouest, la sous-préfecture de *Fan-tch'ang* (繁昌) (1) communique avec le *Kiang* par une série de canaux semblable à celles qui sillonnent les territoires de *Ou-hou* et du *Cheou-hien* (首縣) appelé *Tang-t'ou-hien* (當塗). Quelques rangées de collines peu élevées et toutes nues sont parsemées sans ordre apparent au milieu de cette longue et étroite bande de terre qui compose la préfecture. Les champs de cette contrée, qui doivent leur existence au travail de dépôt du fleuve sont fertiles et produisent de beau riz; mais ils sont exposés aux inondations provenant de la rupture des digues. *Villes.* *Culture.*

Quand on parcourt cette contrée, on y rencontre de loin en loin d'assez vastes espaces dans lesquels le flot destructeur fit un jour irruption, et qui depuis, faute d'une réparation intelligente de leurs digues, restent à l'état d'inutiles herbages. La longue habitude qu'ont contractée les chinois de se contenter de viande de porc, ne leur laisse sans doute point songer qu'ils pourraient profiter de ces plaines basses, ainsi que des hauteurs déboisées, pour y engraisser un bétail nombreux. C'est à peine si l'on voit vaguer dans ces terres désertes quelques gros buffles qui servent à la culture. *Prairies basses.*

---

(1) Jadis cette sous-préfecture était située au Nord-Ouest de sa position actuelle; le village de *Kieou-hien-tchen* (舊縣鎮), ainsi qu'une tour au bas de laquelle passent les vapeurs qui sillonnent le *Kiang*, perpétuent le souvenir de cette ville, qui a dû se retirer devant les empiétements du fleuve.

Limites. La préfecture de *T'ai-p'ing* est bornée au S. O. par le *Tch'e-tcheou-fou*, au S. E. par le *Ning-kouo-fou*, enfin au N. E. par la préfecture de *Kiang-ning-fou* 江寧府 (*vulgo Nan-king*), capitale des *Deux Kiang* (兩江). Au N. O. par delà le Fleuve, s'étendent les plaines du *Liu-tcheou-fou* et de *Ho-tcheou*.

Routes. Dans le *T'ai-p'ing-fou*, les digues nombreuses qui protègent les cultures contre le flot des torrents et le reflux du *Kiang* servent la plupart du temps de chaussées de communication. Leur entretien et leur qualité sont tels qu'on peut attendre de chemins en terre non macadamisés, que le seul intérêt des propriétaires riverains force à recharger de temps à autre de limon.

La ville de *T'ai-p'ing-fou* n'est guère remarquable que par le nombre des lettrés et des militaires qui l'habitent. Elle sert de résidence à l'examinateur provincial (學台), et de quartier général au commandant général des forces navales du *Kiang*.

Ou-hou. C'est dans la sous-préfecture de *Ou-hou* que s'est réfugiée depuis longtemps l'activité commerciale de cette contrée. L'ancienne renommée de cette ville n'a fait que croître dans ces dernières années, grâce à la fondation d'une douane impériale tenue par les Européens, et aux nombreux pontons des steamers qui stationnent dans ses eaux. *Ngan-k'ing*, que le P. Du Halde proclamait «très considérable par son commerce et par ses richeses», comme étant «le passage de tout ce qu'on fait venir à *Nan-king*», est depuis longtemps éclipsée par sa rivale de la rive droite, qui constitue le seul «port ouvert» du *Ngan-hoei*.

Commerce. C'est dans ce vaste emporium qu'affluent de toutes parts les marchandises destinées à alimenter la province du *Ngan-hoei*. C'est là que se rendent les papiers du *Kiang-si*, les sucres de Formose, les pelleteries du Nord, d'immenses trains de bois descendus du haut *Kiang*, etc.

Postes. La ville de *Ou-hou*, étant en relations de commerce avec tout le *Ngan-hoei*, l'on conçoit que des agences de communication postale s'y soient constituées en assez grand nombre. Les courriers officiels des tribunaux, pour la transmission des documents administratifs, n'étant point à la disposition des correspondances particulières, les postes ou 信局 *Sin-kiu*, dont nous parlons ici, sont dues à l'initiative privée et forment, comme dans les autres parties de la Chine, une branche spéciale d'industrie.

Voici, rangés suivant l'ordre des préfectures adopté par nous dans le présent travail, les villes ou bourgs du *Ngan-hoei*, avec lesquels les quatre principaux établissements de *Ou-hou* sont en relations directes :

1. *Hoei-tcheou.* — *T'oen-k'i.* — [*King-té-tchen*]. 2. *Ning-kouo-fou.* — *Wan-tch'e* (灣沚). 3. *Tch'e-tcheou.* — *Ho-yué-*

tcheou. — *Ta-t'ong.* 5. *T'ai-p'ing-fou.* 6. *Ngan-k'ing.* — *T'ong-tch'eng.* 7. *Liu-tcheou.* — *Liu-kiang.* — *Tch'ao-hien.* — *Tche-tch'eng* (芝 城). — *Che-kao* (柘 臯). — *San-ho* (三 河). 8. *Tch'ou-tcheou.* 9. *Ho-tcheou.* — *Yun-ts'ao* (運 漕). 10. *Cheou-tcheou.* — *Tch'eng-yang-koan.* — 12. *Lou-ngan.* — *Ho-chan.*

Ainsi, aucune des villes situées au Nord de la *Hoai* n'a de communications postales avec le reste du *Ngan-hoei*, non plus qu'avec le *Kiang-sou.* C'est un indice de la pauvreté de cette plaine du Nord.

Les lettres ou colis postaux ordinaires paient 70 à 80 sapèques. Si leur poids est considérable et que l'on n'ait point de fréquentes relations avec la poste, on paie le port à raison de 30 sap. par livre. Généralement, au-dessus de 6 livres, les maîtres de poste n'acceptent point de paquets pour les longues distances, *Tcheng-yang-koan* par exemple.

Les envois d'argent paient dix sapèques par piastre, au-dessus de cent piastres, et davantage pour de moindres sommes; jusqu'à 30 sap., s'il s'agit de 10 à 20 piastres. En général nous n'avons eu qu'à nous louer de la régularité et de la fidélité de ces services particuliers (1).

Opium.

C'est également à *Ou-hou* que, depuis quelques années (1877), les vapeurs venus de *Chang-hai* débarquent l'opium des Indes. En 1887, le commerce de onze mois donna le chiffre d'environ 4 400 caisses. L'année suivante ne vit arriver que 3 400 caisses. Enfin 1889 n'en apporta que 2 500. C'est donc par année une diminution d'à peu près 900 caisses; et pour le trésor impérial, une perte sèche de 99 000 taëls *Hai-koan.*

Concurrence.

Qu'on ne conclue pas cependant que la consommation de cette drogue homicide ait diminué dans ces dernières années. Loin de là; elle continue à croître dans une proportion inquiétante. Mais l'opium indigène commence à remplacer dans une large mesure l'opium étranger, et finira sous peu, croyons-nous, par le supplanter totalement. Les chinois trouvent plus avantageux de s'empoisonner eux-mêmes: le peuple qui produit gagne à la culture du pavot, dont les profits dépassent ceux des cultures ordinaires; les mandarins locaux spéculent sur les droits auxquels est soumis ce produit; enfin les consommateurs sont contents de ne payer l'opium qu'un prix moitié moindre. Ainsi, à *Ou-hou*, en ce moment, l'opium des Indes se vend au

---

(1) Les évènements de 1891, et surtout les instructions données aux douanes de l'intérieur par le vice-roi à la suite de l'attentat de l'anglais Mason, ont provoqué sur plusieurs points de la province d'odieuses vexations, qui se sont maintes fois traduites par la confiscation ou la consignation de tout colis postal destiné aux missionnaires, dont la vue déplaisait à l'employé chinois.

détail 500 grandes sapèques l'once (兩), tandis que l'opium indigène ne coûte que 250 à 260 sapèques (1).

Culture indigène du pavot. C'est surtout du Nord de notre province qu'arrivent à *Ou-hou* les produits du pavot indigène. Les districts de *T'ang-chan-hien* (碭 山), de *P'ei-hien* (沛), de *Fong-hien* (豐), dans la corne N. O. du *Kiang-sou*; le territoire de 永 城 *Yong-tch'eng* au *Ho-nan*, sont les localités qui fournissent le plus d'opium au marché de *Ou-hou*. Du reste, il est à croire que bientôt notre province pourra suffire à ses propres besoins: déjà les plaines de *Yng-tcheou-fou*, les vallées de *Lou-ngan*, de *Ning-kouo-fou*, de *Tch'e-tcheou-fou*, et plus récemment, des parcelles du *T'ai-p'ing-fou* voient croître le pavot. Bon nombre de fumeurs campagnards se réservent, à côté de leur potager, un carré de pavots, qui leur permettra de jouir à bon marché de leur détestable habitude.

Approbation officielle. Il est bien entendu que les prohibitions répétées, que les proclamations comminatoires si souvent renouvelées par les fonctionnaires contre ceux qui favorisent ce commerce, ont cessé depuis longtemps d'être regardées comme sérieuses. Les

---

(1) Les deux années qui se sont écoulées depuis la rédaction des notes ci-dessus, n'ont pas vu nos prévisions se vérifier, relativement à la diminution progressive de l'importation de l'opium étranger: en 1892, 2 567 caisses et en 1891, 2 610 caisses ont été débarquées à *Ou-hou*, de sorte que, ces trois dernières années, le chiffre des affaires est resté sensiblement stationnaire. Outre l'infériorité des récoltes de 1890 et 1891, le Père Gain m'a récemment procuré sur la production de l'opium au Nord du *Kiang-nan* d'intéressants détails qui jettent quelque lumière sur cette question. Il y a trente ans, non seulement la culture du pavot, mais l'usage même de l'opium étaient inconnus dans les vastes plaines du *Siu-tcheou-fou* (徐州); l'appât du lucre et la protection des fumeurs des tribunaux furent si efficaces, qu'en moins de vingt ans, malgré les peines sévères édictées contre les planteurs, le quart ou le tiers des terres labourables fut réservé à cette culture. Les profits personnels que les mandarins prélevaient sur cette denrée n'empêchaient pas le gain des producteurs d'être considérable, et il y a quatre ou cinq ans, le commerce de l'opium était très florissant au *Siu-tcheou-fou*. Le district de *T'ang-chan-hien* (碭 山) en particulier, et les deux ou trois autres situés au N. O. du *Kiang-sou*, voyaient chaque année des centaines de chars chargés d'opium se diriger vers *Ts'ing-kiang-p'ou* (清 江 浦). L'abondance de l'argent provenant de ces échanges avait fait descendre l'once d'argent à 1200 sapèques à *T'ang-chan*. L'opium brut acheté directement aux paysans se payait alors 200 sapèques l'once.

Le décret impérial de Juin 1890, en augmentant les taxes, a singulièrement ralenti l'activité de ce commerce. Déjà l'an dernier, à l'annonce des nouveaux règlements, les acheteurs étaient venus plus rares. Cette année, il en vint encore, mais les exigences et les formalités des douanes, jointes à la rapacité de tout un peuple de fonctionnaires, qui n'entend pas laisser à l'Empereur seul les bénéfices d'une telle opération, ont effrayé les courtiers, que sont retournés à leurs mandants avec leurs lingots d'argent. Cet arrêt subit dans l'exportation de l'opium a fait remonter l'once d'argent de 1 200 à 1 600 sapèques, sa valeur ancienne.

mandarins, dont la personne et l'entourage sont très généralement adonnés à cette triste passion, ne pourraient pas, le voulussent-ils, réagir efficacement contre un abus qui doit fatalement désormais s'infiltrer comme un poison lent dans la masse de ce peuple. Il est des quartiers entiers même parmi les populations agricoles, où la grande majorité des hommes adultes est adonnée à l'opium. L'on ne dit plus rien. Bien plus, l'Empereur lui-même semble en avoir pris son parti. Si une chose le touche dans la rapide extension qu'a prise cette pernicieuse coutume, c'est surtout le peu de loyauté des mandarins préposés à la taxe de l'opium indigène. Un *Chang-yu* récent (30 Juin 1890) a rappelé à ces officiers concussionnaires qu'ils ne peuvent garder pour eux-mêmes les bénéfices prélevés sur le *T'ou-io* (土 藥), à titre de *li-kin* (釐 金). Ce curieux document constate tout d'abord les développements de la production intérieure de l'opium : 近年以來民間栽種日多獲利甚重.... 近聞吉林黑龍江及四川雲南江南淮徐等處土藥出產日繁... «Durant ces dernières «années, le peuple a développé de jour en jour cette culture «et en a retiré des bénéfices très considérables. Nous avons «appris récemment que les provinces de *Kirin*, de *Hé-long-«kiang*, ainsi que celles de *Se-tch'oan*, du *Yun-nan*, les pré-«fectures de *Hoai-ngan*, et de *Siu-tchcou* dans le *Kiang-nan*, «développent chaque jour la production de l'opium indigè-«ne...» Ensuite il gracie les coupables : 朝廷姑從寬典不追既經着一併免其叅處... «Pour cette fois, la «cour usant de clémence ne poursuivra pas les coupables ; elle «pardonne pour le passé ces abus qui eussent dû être punis de «la dégradation . . . » Enfin il prescrit des mesures pour assurer la perception régulière de ce nouvel impôt et la transmission de ces droits à la cour. Désormais, il ne saurait donc plus être question de menacer les marchands d'opium comme plusieurs fonctionnaires l'ont fait naguère, à une époque où il ne s'agissait que de détrôner un commerce étranger.

Ou-hou possède une cinquantaine de magasins, qui servent de correspondants aux marchands étrangers. Ce sont en général des gens de *King-hien*, de *T'ai-p'ing-hien*, ou du *Hoei-tcheou-fou* qui tiennent ces maisons. La caisse d'opium, tous frais payés, compris aussi les droits de douane qui sont de 110 taëls *Hai-koan* (海 關), leur revient environ à 600 mexicaines. Ils la revendent 650 carolus, soit au cours actuel 865 mexicaines, ce qui donne par caisse un bénéfice de 265 piastres. *Bénéfice.*

Dans la répartition de cette denrée, *Ou-hou* se fait la part du lion. On compte dans cette ville et dans ses faubourgs environ 5 000 maisons qui servent de fumoirs publics. Quatre d'entre elles sont somptueuses et contiennent chacune 60 lits. Un grand nombre d'autres peuvent recevoir simultané- *Fumoirs.*

ment 40 à 50 fumeurs. Outre ces établissements patentés, il en existe un certain nombre qui reçoivent en cachette les consommateurs ; enfin parmi ces derniers, il en est plusieurs qui contentent leur passion dans leur propre domicile.

Consommation. Pour ne tenir compte que des fumoirs de la première catégorie, l'estimation qui fixe à 7 000 piastres le prix de la consommation quotidienne semble vraiment modérée. Les 4 grandes maisons dont nous avons parlé doivent vendre au moins pour 100 piastres par jour pour faire face à leurs obligations, et les plus simples paillottes érigées en fumoirs ne peuvent guère moins faire qu'une piastre d'affaires chaque jour.

Si l'on prenait comme moyenne de la consommation journalière d'un fumeur la somme de 70 à 80 sapèques, l'on devrait conclure que les fumoirs publics de *Ou-hou* alimentent une population de cent mille fumeurs ! Et ce chiffre, ajoutent les commerçants indigènes de qui je tiens ces détails, ne paraîtra point exagéré à quiconque saura que ces établissement ne mettent pas moins de 50 000 pipes à la disposition de leur clientèle (1).

A ce compte c'est, chaque année, rien que pour la ville de *Ou-hou*, banlieue comprise, une dépense totale de 2 555 000 piastres, soit au cours récent de 4 fr. 40, un chiffre de 11 242 000 francs.

Proportions. Sur cette somme, une portion notable est due à l'opium indigène. Les uns disent qu'un tiers seulement de l'opium fumé à *Ou-hou* est de provenance étrangère ; d'autres m'ont parlé d'un cinquième. Supposons que le quart (en poids) soit le vrai chiffre de cette proportion pour l'année 1889. Les prix des marchandises (土) étrangère et indigène étant comme deux est à un, et le bénéfice des débitants d'opium préparé dans les fumoirs représentant environ les 4/9 du prix total de débit, il s'ensuivrait que le chiffre de 2 555 000 piastres s'est décomposé ainsi : 1 135 555 p. pour le gain de ces derniers établissements ; 567 778 p. d'opium étranger et 851 667 p. pour l'opium indigène. L'année 1889 ayant vu importer 2 500 caisses à 865 p., ce qui donne une somme de 2 162 500, il resterait disponible pour le reste de la province, pour 1 987 222 p. d'opium étranger, soit environ les 4/5 de la quantité totale importée.

Industrie. Les fumeurs de l'intérieur suppléent au défaut d'opium étranger par l'usage de celui que produit la mère-patrie. Bon

(1) Il est vrai qu'il paraîtra hors de proportion avec le chiffre de 60 000 hab. indiqué pour *Ou-hou* par le *Chronicle and Directory*. Mais ce chiffre est inexact, et dès 1888, des sources chinoises qui se disent bien informées donnaient comme évaluation de la population (celle des barques comprise) la somme plus que quintuple de 310 000 âmes !

nombre de localités se servent exclusivement de ce dernier. On lui reproche, il est vrai, d'être moins puissant que le narcotique venu des Indes, mais dans ces derniers temps les raffinés économes, en quête d'une industrie pour augmenter leur jouissance sans nuire à leur bourse, ont trouvé dans l'eau-de-vie de sorgho (高粱燒酒) un utile auxiliaire pour renforcer le ton et les effets du *T'ou-io*, qu'ils macèrent dans ce liquide avant la cuisson.

Mœurs. Avant de quitter ce triste sujet, dont le lecteur me pardonnera d'avoir si longuement parlé, que l'on me permette de soulever un autre voile qui dérobe d'autres turpitudes. Des centaines de pauvres créatures, fournies par la ville de *Yang-tcheou* (揚州) et parquées comme un immonde troupeau dans les temples de la débauche, renouvellent à *Ou-hou* le spectacle des nations restées ou redevenues païennes. Même en dehors de ces antres du vice, la licence est grande dans cette ville, et l'on m'a signalé par exemple tel quartier où sur mille familles, huit ou dix à peine vivent dans les liens d'une union régulière. Ce sont surtout les étrangers venus des provinces voisines qui donnent le spectacle de cette inconduite; mais, d'où qu'il vienne, il prouve du moins que ce peuple n'a plus lieu d'être si fier aujourd'hui de sa civilisation trop vantée.

Pelleteries. J'ai dit plus haut un mot du commerce des pelleteries. Voici sur cette branche d'industrie quelques détails qui pourront intérresser le lecteur. Je connais intimement le chef d'une des quatre maisons qui la représentent à *Ou-hou*, et voici les détails qu'il m'a donnés à ce sujet. Chaque année, à la 4e lune, il se rend, lui ou les siens, à *Nan-king* pour y prendre livraison des soieries qu'il va vendre au 直隸 *Tchè-li*. C'est à *P'ou-k'eou* (浦口), en face de *Nan-king*, que l'on charge sur des brouettes les précieux tissus. La caravane met environ un mois pour accomplir ce trajet. De là, nos commerçants se dirigent vers le Nord-Ouest à *Ta-t'ong-fou* (大同府), préfecture du *Chan-si* (山西), où se tient un commerce actif de pelleteries. Quatre maisons plus importantes et une soixantaine de petites y vendent les fourrures du Nord aux nombreux voyageurs qui viennent les chercher de fort loin. Nos marchands séjournent environ deux mois dans cette cité; choisissant leurs marchandises, en débattant les prix et surveillant la préparation. Ils en achètent pour 20 000 taëls environ. Puis, vers la 7e lune, ils se remettent en route, regagnant le Sud par le *Tchè-li*, où ils font un court séjour dans leur famille. Des 1 500 *li* qui séparent *Ta-t'ong-fou* de leur maison, la plus grande partie (1 200) se fait à dos de mules; le reste (300) est parcouru en chars. Il reste encore 2 200 *li* (environ 1 200 kilomètres) à franchir pour se rendre à *Ou-hou*. Cette dernière partie du transport s'effectue sur des brouettes. Chacun de ces véhicules, traîné par 2 ou 3 hommes, est chargé d'environ 400 livres, et l'ensemble des hommes employés pour un seul convoi, représente un effectif d'à peu près 200 hommes.

Voyage; escortes. Ces brouettiers de diverses provinces, hommes rudes à la peine, endurcis par de continuels voyages, obéissent à un chef qui prend lui-même les ordres du négociant qui les accompagne. Ce dernier, pour plus de sûreté, s'adjoint plusieurs de ses parents ou de ses associés, et dispose en évidence au milieu de sa troupe quelques fusils destinés à contenir les convoitises des voleurs de grand chemin. Il paraît en effet que les chemins du Nord, jusqu'à *Nan-siu-tcheou* ne sont point sûrs pour de faibles escortes, et qu'on a vu plus d'une fois des convois dévalisés par des bandes de cavaliers pillards. La préfecture de *Ts'ao-tcheou-fou* (曹 州) au *Chan-tong* a en particulier une assez mauvaise réputation auprès des commerçants qui passent sur cette route.

Piao-kiu. Les convois moins importants se font souvent accompagner par des employés de *Piao-kiu* (鏢 局), sortes d'agences d'assurance, établies à *Nan-king* et *Tchen-kiang*. Ces maisons, dont rien ne saurait nous donner une idée parmi les institutions européennes, sont composées en partie d'honnêtes bandits retirés des affaires, solides boxeurs et habiles parleurs, entendus aux ruses et à l'argot des brigands leurs anciens confrères. Ils précèdent les brouettes et portent des insignes qui les font reconnaître; s'il survient quelque danger sur la route, ce sont eux qui parlementent et assurent la sécurité des voyageurs qui les emploient et de leurs marchandises.

Prix du transport. Pour le trajet de 2 200 *li* dont nous avons parlé, ces industriels traitent à forfait avec les marchands, à raison de 30 taëls pour chaque brouette, nourriture comprise. Deux hommes de ces agences sont d'ordinaire une escorte suffisante. Quand les convois sont plus considérables, et que les associés de commerce sont en nombre, comme c'est le cas pour notre ami, on préfère pourvoir par soi-même à sa propre défense. Les frais d'une brouette ne reviennent alors qu'à 30 *tiao* de mille sapèques.

L'on peut voir en passant que cette somme repartie entre deux brouettiers représente pour chacun une rémunération d'environ sept sapèques par *li*, tarif moyen des transports par brouette dans le *Wan-nan*. Les 30 étapes de 70 *li* l'une dans l'autre, que représentent ces 2 200 *li*, sont donc payées chacune à raison de 500 sapèques par homme. En défalquant à titre minimum de nourriture cent sapèques, il reste au brouettier un bénéfice de 400 sapèques (au taux actuel, 1 fr. 75) pour prix d'une course de 40 kilomètres, avec une charge de 200 livres!

Outre les magasins de *Ou-hou* dont nous avons parlé, 2 autres établis à *Ngan-k'ing*, 26 à *Nan-king*, 5 à *Tchen-kiang* et à *Yang-tcheou* (揚 州), et plus de 20 à *Chang-hai*, envoient chaque année leurs représentants à *Ta-t'ong-fou*. Au bourg de

Tchang-kia-k'eou (張 家 口), près de la grande muraille, se vendent les peaux brutes, dont une partie est montée dans la préfecture du *Chan-si*.

Exportation du riz. Nous n'avons plus qu'un mot à dire du commerce d'exportation de *Ou-hou*. Au moment où nous écrivons ces lignes (Septembre 1890), le marché de *Ou-hou* est envahi par des marchands venus du *Koang-tong* (廣 東), du *Fou-kien* (福 建), du *Chan-tong*, de *T'ien-tsing*, pour acheter le riz, magnifique cette année, dont on achève à peine la récolte en ce moment. Une grande partie des plaines du *Liu-tcheou-fou*, dans les districts de *Ou-wei-tcheou*, de *Ho-fei-hien*, de *Tch'ao-hien*, et jusqu'à *San-ho* (三 河) à l'Ouest du lac *Tch'ao;* au Sud du *Kiang*, les sous-préfectures de *King-hien*, *Nan-ling-hien*, et d'autres, viennent décharger leur grains sur le marché de *Ou-hou*, d'où les vapeurs les conduisent par mer vers des contrées moins fertiles.

Prix des transports. Les transports se font aux prix moyens des autres parties du *Ngan-hoei*. Nous avons déjà dit un mot du prix des barques, fort employées dans le pays, à cause de la multiplicité des canaux; mais il est à remarquer qu'ici, comme ailleurs, les transports par eau sont plus sujets aux variations que ceux qui s'opèrent par la voie de terre. — Les tarifs des *ming-tch'oan* sont les mêmes que plus haut.

Les voyageurs trouvent à *Ou-hou* des ânes qui les conduisent pour 200 sapèques à *T'ai-p'ing-fou*.

En revanche, les porteurs qu'on loue à *Ou-hou* même coûtent souvent beaucoup plus que si on les prenait dans l'intérieur des terres. Les gros gains qu'ils réalisent dans les travaux du *Ma-t'eou* sont la cause de cette surélévation des prix.

Ponts. Le département de *T'ai-p'ing-fou* ne contient, que nous sachions, aucun pont de quelque importance. A *Ou-hou* même, ainsi qu'à *T'ai-p'ing-fou*, l'on n'accède à la ville, en traversant le canal, qu'au moyen d'un pont de bateaux (浮 橋).

Escales. *Ou-hou*, nous l'avons dit, est le seul port ouvert aux étrangers. Cependant les vapeurs font escale à *Ho-yué-tcheou* et à *Ngan-k'ing*. La Cie *Tchao-chang* a même un ponton dans ce dernier port.

II. INTENDANCE DE *NGAN-K'ING*.

1. PRÉFECTURE DE *NGAN-K'ING-FOU*.

Limites. Reléguée dans la pointe méridionale du *Wan-pé* et longée au Sud-Est par le *Kiang* sur une longueur de 160 kilomètres, puis en remontant le fleuve, sur un nouvel espace de 60 kilomètres, par une étroite bande de terres alluviales rattachée à la province du *Kiang-si*, la préfecture de *Ngan-k'ing* est limitée à l'Ouest par le *Hou-pé*, au Nord-Ouest et au Nord par les préfectures de *Lou-ngan-tcheou* et de *Liu-tcheou-fou.*

Ngan-k'ing.

La ville de *Ngan-k'ing*, capitale de la province et chef-lieu de la préfecture, sert en même temps de résidence au sous-préfet de *Hoai-ning-hien* (懷 寧). Voici comment de son temps, le P. Du Halde décrivait cette cité: « Sa situa-«tion est charmante: elle confine avec trois provinces, et quoi-«qu'elle ne soit éloignée que de trois journées de la Capitale «*(Nan-king)*, elle ne laisse pas d'avoir un Vice-roy particulier «...Tout le pays qui en dépend est très découvert, très agréable, «et très fertile. Elle n'a dans son Ressort que six Villes du troisième ordre *(hien)*.»

Cette cité remonte au commencement du 13e siècle (1217). Voici la description que nous en font les *Chroniques* locales: « Adossée vers le Nord à la montagne du *Grand Dra-«gon* (大 龍 山), elle voit couler à ses pieds le « Long *Kiang*» «s'étend à l'Est jusqu'aux lagunes et reçoit à l'Ouest sa limi-«te d'un cours d'eau. Les murailles ont 9 *li* (5 à 6 kilom.) «de tour; elles sont fortifiées de bastions et percées de 5 «portes; les parapets sont munis de 758 embrasures. » En 1862, le vice-roi *Tseng* (曾) fit ajouter à l'Ouest de la ville ancienne une nouvelle enceinte. En outre, des deux côtés de la ville sur les rives du fleuve, des faubourgs pleins de vie se prolongent à plusieurs kilomètres, doublant par leur activité commerciale l'importance de la ville murée. Il y a un environ, le gouverneur songea à faire draguer, par des machines empruntées à *Chang-hai* le canal aujourd'hui obstrué qui contourne la ville vers le Nord; il eût assuré par ce travail un refuge plus sûr aux barques qui stationnent sous les murs de la ville. Mais ce beau zèle n'a pas abouti jusqu'ici et nous doutons qu'il soit suivi d'effet.

Constitution du Ngan-hoei.

L'institution du *Ngan-hoei* comme province distincte du *Kiang-sou* est de date assez récente. Ces deux provinces formaient autrefois la province unique du 江 南 *Kiang-nan.* En 1662, un gouverneur (appelé vice-roi par le P.. Du Halde) fut créé à *Ngan-k'ing* avec juridiction sur le territoire occidental du *Kiang-nan*, et en 1723, un décret impérial constitua *Nan-king* comme centre de la vice-royauté des *Deux Kiang*, à laquelle le *Ngan-hoei* ressortit avec le *Kiang-sou* et le *Kiang-si.*

Sous-préfectures.

Outre le *hien* de *Hoai-ning*, la préfecture comprend les districts suivants: vers le Sud, *Sou-song-hien* (宿 松) et *Wang-kiang-hien* (望 江), dont les territoires sont dus en grande partie à l'alluvion du fleuve. Des canaux et des lacs nombreux, dont l'importance devient considérable à l'époque des crues, découpent les parties basses de ces districts qui sont sujettes à de fréquentes inondations. Quelques collines dénudées mêlées d'ondulations se poursuivent vers le Nord au milieu de ce territoire, jusqu'aux villes de *T'ai-hou-hien* (太湖) et de *Ts'ien-chan* (潛山), à partir desquelles commence la zône des montagnes. Tandis que la ville de *Wang-kiang* élevée sur une légère éminence voit souvent ses campagnes recouvertes par les eaux du *Kiang*, celle de *T'ai-hou*, placée comme une île sablonneuse au milieu d'un vaste torrent descendu des hauteurs du *Yng-chan* (英山) reste exposée aux débordements subits qui l'ont plus d'une fois dévastée. Ce même torrent se dirigeant plus bas vers l'Est en rencontre, à moitié chemin de *Ngan-k'ing*, un second descendu de *Ts'ien-chan*. C'est au bourg de *Che-p'ai* (石牌) que s'opère la jonction de ces deux cours d'eau, dont le contenu va se décharger dans le fleuve un peu au-dessus de *Ngan-k'ing*. Encore à l'époque des rebelles, on pouvait remonter en barque jusqu'à *T'ai-hou* (太湖) le grand torrent qui passe auprès de cette ville. Depuis lors le déboisement des montagnes, dont le sol granitique s'effrite facilement, a tellement favorisé la descente du sable des parties montagneuses, que le torrent obstrué n'est plus navigable jusqu'à *Che-p'ai* que par les radeaux.

La sous-préfecture de *T'ong-tch'eng* (桐城), située au Nord de *Ngan-k'ing*, détermine avec cette dernière ville et avec *Ts'ien-chan* un vaste triangle dont la superficie est coupée par un grand nombre de torrents secondaires, et possède de belles plaines alternant avec de curieuses collines, la plupart sans cultures ni forêts. On y rencontre de belles carrières de granit rose, de grès, de marbre blanc; dont quelques-unes sont timidement exploitées pour faire des meules, des mortiers, des rouleaux, ou pour construire des *P'ai-leou*. J'ai trouvé dans les mêmes parages de beaux échantillons de houille; mais les injustes convoitises des uns et les craintes superstitieuses des autres empêchent les propriétaires de ces richesses de les faire valoir.

A l'Est de ce triangle s'étend une vaste plaine, triangulaire *Lagunes.* elle-même, remplie dans sa partie basse de lacs, de lagunes et d'herbages, au delà desquels vers le N. O. de belles vallées produisent du riz. Les eaux du *Kiang*, à l'époque des crues, sont refoulées fort loin dans cette contrée, dans la direction de *T'ong-tch'eng*. C'est auprès du bourg de *Ts'ong-yang*, à peu près en face de *Tch'e-tcheou-fou* que débouchent dans le *Kiang*, au sortir des lacs de *Ts'ai-tse* (菜子湖), les eaux des nombreux torrents qui arrosent cette partie de la préfecture. Un peu plus bas, un autre cours d'eau se jette dans le fleuve après avoir formé le lac de *Feou-chan* (浮山).

A l'Ouest du triangle dont j'ai parlé plus haut, se trouve *Montagnes.* la région montagneuse, dont le versant septentrional, commençant aux limites du *Lou-ngan-tcheou* et du *Liu-tcheou-fou*,

Routes. De T'ong-tch'eng *à* Lou-ngan.

appartient d'une part au bassin de la *Hoai*, de l'autre à celui du lac *Tch'ao*. De *T'ong-tch'eng* à *Lou-ngan*, la route directe par les montagnes est peu fréquentée; la qualité de son sol souvent argileux et le grand nombre de torrents qu'il faut traverser à gué détournent les voyageurs de cette voie et leur fait prendre la grande route de *Chou-tch'eng*. Il est vrai que cette dernière route elle-même, toute 馬路 qu'elle soit, reste, faute d'entretien, dans un état déplorable. J'en dis autant du tronçon de route qui rattache *Ngan-k'ing* à *T'ong-tch'eng* : les dalles qui jadis recouvraient ce chemin, depuis longtemps fracassées et disjointes, offrent à chaque pas un casse-cou. L'on a beaucoup vanté la magnificence du gouverneur actuel qui a fait récemment réparer 17 *li* (10 kilom.) de cette route détestable. Les maigres haridelles qui font le service des dépêches officielles et les brouettiers qui poussent leur pesant véhicule seront heureux de trouver de nouveaux bienfaiteurs qui achèvent la bonne œuvre commencée.

De Ngan-k'ing *à* T'ong-tch'eng.

Du Fou *à* Ts'ien-chan, *et à* Ho-chan.

De la préfecture à *Ts'ien-chan*, le chemin est assez malaisé, mais en remontant plus haut vers *Ho-chan* (霍山縣), la nature sablonneuse du sol le rend plus praticable, et la beauté des vallées tour à tour charmantes ou grandioses que l'on traverse, dédommage bien le voyageur des peines que lui causent de continulles ascensions, bientôt suivies d'une descente. Le défilé de *Choei-heou-ling* (水吼嶺), à quelque distance au-dessus de *Ts'ien-chan*, la magnifique vallée du *Paradis* (天堂司) et plusieurs autres qui se trouvent sur cette route, rendent cet itinéraire particulièrement agréable.

Fer.

La vallée de *T'ien-t'ang*, comme celles des bassins opposés, contient une grande quantité de sables ferrugineux, que les habitants de ces montagnes trouvent et lavent dans le lit des torrents par des moyens absolument primitifs. Une simple auge inclinée et ouverte par un bout compose tout leur outillage; le produit de leur travail, qui est un minerai très riche, est porté aux fonderies locales qui le coulent en barres à section carrée, de 0^m, 03 de côté et d'environ 0^m, 10 de longueur. De longues files de porteurs vont ensuite à *Choei-heou-ling*, charger sur de légers radeaux en bambous leur pesant fardeau qui atteint 100 et 110 livres chinoises. C'est le levier connu sous le nom de *pien-tan* (扁担), qui soulève cette lourde masse, avec laquelle ces rudes montagnards font au pas gymnastique une course de 50 à 60 *li* par jour. Un bâton ferré épanoui en spatule à l'une de ses extrémités repose pendant la marche sur l'épaule opposée à celle qui soutient le *pien-tan*, et s'engageant sous ce dernier derrière le porteur, répartit plus également le poids sur toute la personne. Ce bâton sert en outre à tenir en suspens, dans les moments d'arrêt, le levier dont l'un des plateaux, toujours plus long que l'autre, repose alors à terre.

Les porteurs.

Chose curieuse, ces porteurs, de même que ceux qui remontent chargés de sel, ou d'autres fardeaux fort pesants, s'arrêtent à toutes les minutes. J'ai compté, montre en main, que la durée moyenne de la marche est de 40 secondes, et le repos qui suit dure la moitié moins.

De *Choei-heou-ling*, les radeaux portent le fer et le papier produits par les montagnes jusqu'à *Che-p'ai* où la rivière devient navigable pour les barques.

De *Ngan-k'ing* à *Ts'ien-chan*, la route est interceptée à l'époque des crues par une série de flaques d'eau qui forcent les voyageurs à d'assez longs détours.

Du Fou à Wang-kiang et à T'ai-hou.

Du *Fou* à *Wang-kiang*, la route de terre est interrompue chaque année pendant 4 mois, pour la même raison. A la même époque, une moitié de la route qui conduit à *T'ai-hou* est impraticable. Il reste alors pour les parties interceptées la ressource des barques. Ces deux dernières routes, lorsque les eaux les laissent libres, sont assez bonnes, à cause de la nature des terrains qu'elles traversent.

De Wang-kiang à T'ai-hou.

De *Wang-kiang* à *T'ai-hou*, la route qui contourne une série de collines basses est également passable. Du reste, autant qu'il nous en souvient, il n'existe aucune trace, sur tous ces chemins, de chaussée empierrée. Ce sont des routes *nature* qu'aucune administration n'entretient. Là, comme ailleurs, aucune réparation générale, ni même notable. Quand la pluie a détrempé les routes, le Chinois, pour qui le temps est peu de chose, ne sort pas, ou s'il se touve hors de chez lui, il se remise dans la paillotte la plus prochaine, attendant dans ces auberges à bon marché, qu'il puisse continuer sa course. Tout au plus quelques familles ou un village s'entendent-ils de temps à autre pour recharger la portion du chemin qui touche à leurs propriétés.

Entretien.

Maisons du Wang-nan.

Nous avons prononcé le mot de paillottes; c'est l'occasion de dire un mot des constructions du *Wan-pé* comparées à celles du *Wan-nan*. Nous avons signalé la grandeur et la beauté relatives des maisons du *Kien-té-hien*, du *Ning-kouo-fou*, du *Hoei-tcheou-fou* surtout. L'on peut même dire d'une façon générale qu'avant la rébellion des *T'ai-p'ing*, la plus grande partie des habitations dans les 5 préfectures du *Wan-nan* annonçaient un peuple riche. De hautes maisons à étage, en briques jointoyées ou soigneusement enduites d'une couche de chaux blanche, et couvertes de tuiles, s'élevaient sur tous les points, même dans les vallées les plus reculées de ce vaste territoire. Une grande partie de ces belles mais incommodes constructions disparut pendant le séjour des *Tch'ang-mao* (長 毛), qui brûlaient trop souvent après avoir pillé; et les masures qui se rencontrent aujourd'hui dans les districts qu'ont envahis les immigrants de l'Est contrastent singulièrement avec les restes, qu'on serait alors tenté d'appeler grandioses, de l'ancienne architecture.

Maisons du Kiang-pé.

Quand on passe le *Kiang*, le tableau change subitement d'aspect. Les murs de terre se substituent aux solides constructions en briques, et la plupart du temps une couverture en chaume remplace le toit de tuiles, sur un rez-de-chaussée sans hauteur. Ces murs de terre se font de plusieurs sortes: la méthode la plus primitive, renouvelée des âges du *Che-king* (詩經), consiste à battre à sec entre deux planches la terre souvent mélangée de briquaille qui doit composer l'édifice. Plus généralement ces murs se font de briques sèches, découpées à la bêche sur l'aire même où on les a gâchées, ou grossièrement formées dans un moule, comme l'on fait lorsqu'on y mêle un peu de paille. Ces constructions ont besoin d'incessantes réparations et causent parfois par leur effondrement de graves accidents. Certains terroirs, notamment dans le district de *Ho-chan*, produisent une argile blanchâtre éminemment apte à faire des briques crues, ayant la propriété de durcir à l'air et d'être presque inaltérables; mais ce fait est très exceptionnel.

Ailleurs, les propriétaires les plus soigneux insèrent dans la couche superficielle de leurs murs des fanes ou tiges de certaines herbes, qui, en s'imbriquant, couvrent comme d'un manteau les briques de terre qu'elles protègent des accidents atmosphériques.

Reconnaissons toutefois que dans certaines parties de la préfecture de *Ngan-k'ing* et plus spécialement dans celle de *Lou-ngan*, il existe un assez grand nombre de maisons qui rappellent celles du *Wan-nan*. Mais plus on avance vers le Nord, plus la pauvreté et l'extrême simplicité des habitations se fait remarquer. La difficulté de se procurer des bois de construction et surtout, croyons-nous, l'extrême fécondité de ces races du *Kiang-pé*, sont des causes qui expliquent suffisamment cette infériorité matérielle, qui est proverbiale dans tout le *Kiang-nan*, auprès des populations plus fortunées qui habitent le Sud du fleuve.

Densité de la population.

Disons en passant à quelles causes nous semble due l'exubérance de cette population du Nord, malgré les désastres encore récents de la rébellion, comparée à la dépopulation du *Wan-nan*. Les habitants des vallées de cette dernière contrée étaient riches, soit de leur industrie et de leur génie commercial, soit du nombre restreint de leurs populations, soit des ressources de leurs magnifiques forêts. Le luxe relatif de leurs demeures, les ressources qu'ils y avaient amassées, devaient donc tenter la cupidité des rebelles. C'est ce qui eut lieu en effet; une longue habitation de ces derniers dans les campagnes du *Wan-nan* les ruina pour longtemps et exerça de cruels ravages parmi leurs habitants. C'est pour des raisons opposées, que les plaines situées au Nord du *Kiang* ont moins souffert des incursions des *Tch'ang-mao*. Si plusieurs villes ont éprouvé de leur part un traitement barbare, les campagnes du moins n'en furent point longtemps inquiétées.

Voies d'eau.

Outre le torrent de *T'ong-tch'eng* qui est navigable sur

une partie de son cours, celui qui descend de *T'ai-hou* et de *Ts'ien-chan* n'a de barques qu'à partir de *Che-p'ai ;* plus haut, on se sert de radeaux. Les canaux intérieurs qui relient le *Fou* à *Wang-kiang* sont accessibles aux barques toute l'année, excepté pendant un ou deux mois d'hiver. Enfin, de *Wang-kiang* à *Sou-song*, l'on peut communiquer par eau, à l'intérieur, durant 4 ou 5 mois de chaque année : le reste du temps, la moitié de la route se trouve obstruée, et il faut alors passer par le *Kiang*.

Ponts. L'on rencontre fort peu de ponts dans la préfeture de *Ngan-k'ing*. J'en ai vu un à quelque distance Ouest de la ville ; un autre de 5 arches au *Nan-men* de *Wang-kiang*, puis deux autres à l'Ouest de cette sous-préfecture ; puis deux encore mais assez bas avec des travées droites, auprès de *Ts'ien-chan ;* quelques-uns enfin de moindres dimensions dans les montagnes. A côté de *T'ai-hou* et ailleurs, on se contente d'une passerelle en planches, du bac et plus souvent encore, du gué qu'une pluie de quelques heures suffit à rendre infranchissable.

Productions. Outre le riz, dont certains quartiers produisent deux récoltes, le pays cultive les céréales ordinaires, communes au *Wan-nan*, millet, blé de Turquie, fèves, etc. Les plaines sablonneuses qui avoisinent la préfecture s'adonnent, ainsi que quelques-unes du *Wan-nan*, à la culture des arachides (長生菓) ; le *Wang-kiang-hien* produit des navets qu'il va vendre à *T'ong-tch'eng ;* les montagnes du *T'ai-hou* fournissent du vernis, de l'huile de *T'ong-chou ;* elles exportent aussi des bambous ainsi que le territoire de *Sou-song ;* ses collines basses donnent de bon coton, mais sont trop souvent éprouvées par la sécheresse.

Quoique le sol soit bien cultivé, cette préfecture ne suffit point à nourrir ses habitants ; le *Wang-kiang-hien* voit périodiquement la moitié de ses terres inondées par les eaux du *Kiang*, mais la cause principale de la misère qui règne dans ce département est l'excès de population. Une partie des hommes émigre au *Wan-nan* et se répand dans les provinces voisines pour y chercher sa subsistance comme fermiers ou domestiques de fermes.

Transports. La partie Nord-Ouest du *Ngan-k'ing-fou* reste, à cause de son altitude, inaccessible aux brouettes. Les routes de cette contrée, simples sentiers de montagnes trop rudes pour ces véhicules, sont sillonnées par les porteurs dont j'ai parlé plus haut. Ce mode de transport, auquel se joint l'emploi de la brouette dans les autres parties de la préfecture, est, somme toute, celui qui domine dans son territoire.

Porteurs. Les porteurs de fer dont j'ai décrit les fatigues et les dures étapes reçoivent de 5 à 7 sapèques par *li*. Pris à la journée avec des charges moyennes (60 à 70 livres) ils reçoivent, suivant les divers temps de l'année et la presse des travaux des champs, 50 à 100 sapèques par jour, avec la nourriture en plus. Si on les envoie au loin, on traite de gré à gré, par jour ou suivant la distance. Il est tel parcours de 90 *li* par exemple (50 à 54 kilom.) que l'on paie à raison de 7 sap. par livre, jusqu'à concurrence d'une charge de 100 livres. Ces chiffres varient un peu suivant les pays.

Brouettes. J'en dis autant du prix des brouettes. Leur charge moyenne, pour un seul brouettier, est d'environ 200 livres. Dans le *Wang-kiang-hien* elles sont fort bon marché et se paient 100 sapèques par jour, nourriture non comprise. Il suffit d'ajouter du *Tch'a-ts'ien* (茶 錢) pour le retour. Ailleurs elles coûtent davantage; ainsi du *Fou* à *T'ong-tch'eng* (environ 120 *li*) elles vont jusqu'à un carolus; mais dans ce cas, les brouettiers se nourrissent eux mêmes. La différence de ces prix vient surtout de l'importance plus ou moins grande du commerce sur les différentes voies, et de la nature même des brouettiers, dont les uns sont de simples campagnards sans ouvrage, les autres des gens du *hang* (行) ou du métier, pris dans les villes.

Barques. Les voyages par barque, là où ils sont possibles, sont peu dispendieux. De *Ngan-k'ing* à *Wang-kiang* (130 *li*) une barque moyenne vaut 1$,50, et le même prix, de *Wang-kiang* à *Sou-song*. On ajoute un léger pourboire, dépassant rarement 100 sapèques. L'on m'a dit qu'il n'y a pas de *hang* pour les barques.

Voyageurs. Les barques communes (民 船) suivent le tarif général du *Kiang-nan*, soit une sapèque par *li*.

Pour les voyageurs, ils vont communément à pied, comme du reste dans le *Wan-nan*. Les chaises sont rares à *Wang-kiang*, pays pauvre; aussi coûtent-elles jusqu'à 20 ou 30 sap. par *li*. A *T'ai-hou* on peut en avoir pour 10 sap. par *li*, nourriture et *Tsieou-ts'ien* de retour en sus. Ailleurs, on loue des chaises aux conditions ordinaires.

A *T'ai-hou* l'on trouve quelques rares chevaux; mais à l'intérieur de la préfecture on n'use point de bêtes de somme pour le transport des marchandises. Il convient toutefois d'excepter la grande route conduisant de la capitale du *Kiang-si* (南 昌 府) à *Pékin (viâ* 徐 州 府), qui passe par *T'ai-hou*, *Ts'ien-chan* et *T'ong-tch'eng*.

Sécurité. On dit les routes de ce pays assez sûres.

Auberges. A part les hôtelleries de la route impériale, les auberges sont en général fort pauvres. Les prix moyens d'hospitalité et de nourriture sont les mêmes qu'au Sud du fleuve. Il y a cependant quelques exceptions et variantes. Ainsi vers le S. O. de la préfecture, l'hospitalité de nuit, comprenant aussi thé, lampe et combustible, coûte 24 sapèq. auxquelles on doit en joindre 12 autres; si l'on veut une couverture. Les repas se paient à la mesure (升), ou à la tasse : une tasse, *siao-ts'ai* (小菜, légumes) compris, coûte 12 sapèques. Mais la plupart des voyageurs apportent avec eux leur riz.

Quand on pénètre dans les montagnes du N. O., le prix du riz baisse brusquement à 6 sap. la tasse. — A l'Est, la tasse de riz coûte 10 à 12 sap.; le combustible se paie 8 sap. si l'on achète soi-même ses provisions. Dans la ville de *T'ong-tch'eng* un repas au restaurant (飯舖子) coûte 50 sapèques; etc.

Pour tout résumer, il suffit de dire que les conditions sont en général les mêmes pour les voyageurs de ces contrées, que pour celles du Sud.

---

2. PRÉFECTURE DE *LIU-TCHEOU-FOU.*

Cette préfecture que sa position centrale désignerait naturellement pour être la métropole du *Ngan-hoei*, si elle était d'un plus facile et plus rapide accès, remonte au 6e siècle de l'ère chrétienne ; ses remparts mesurent 47 600 pieds de tour. *Préfecture.*

Un lac (*Tch'ao* 巢, *al.* 漅, *al.* 焦) auquel les géographes chinois, donnent plus de 400 *li* de circonférence, occupe le milieu de ce département dont une grande partie est due aux atterrissements du *Kiang*. Ce lac recevant les 360 cours d'eau qui arrosent le département de *Liu-tcheou-fou* (港汊大小三百六十) se décharge vers l'Est dans un large canal qui passe sous les murs de *Tch'ao-hien*, et se ramifie plus bas en plusieurs branches dont l'écartement sur les rives du *Kiang* forme un delta d'une largeur de 100 kilomètres. *Lac Tch'ao.*

Ces plaines alluviales sont si basses que pour les défendre de l'envahissement des eaux à l'époque de la crue du *Kiang* (Juin à Octobre), leurs habitants on dû construire de hautes digues, non seulement sur les rives du fleuve,mais aussi le long de tous les canaux qui se croisent dans le delta,et même jusque sur les bords du lac *Tch'ao*. Le reflux des eaux produit par le *Kiang* fait, durant les mois d'été, sentir son action puissante au lac lui même, auquel il apporte le tribut annuel de ses troubles. Des missionnaires qui ont voyagé sur ces eaux pendant les mois de Juillet et d'Août, m'ont dit avoir vu leur niveau s'élever à quelques pouces à peine du sommet des digues. Celles-ci dominent les campagnes voisines de 8 à 10 pieds. *Digues.*

L'on comprend quels travaux demande l'entretien continuel de ces digues, et l'on devine sans peine que le défaut de vigilance si habituel en Chine amène souvent des malheurs dans les polders de ces nouveaux Pays-bas. L'an dernier *Polders.*

par exemple, une partie du *Kiang-pé*, dont les digues avaient été rompues en face de *Ou-hou*, présentait de nos appartements l'aspect d'un lac immense qui ne put se débarrasser de ses eaux dans le Fleuve qu'à la fin de Décembre. Néanmoins les habitants du *Liu-tcheou* qui ne peuvent plus désormais rien gagner sur le *Kiang*, continuent sur le lac leurs conquêtes pacifiques : cette année encore ils lui ont enlevé, sur les hauts-fonds voisins de ses rives, de nouvelles terres qu'ils vont livrer à la culture.

Villes englouties.

La tradition porte qu'à la suite de succès et de désastres successifs, les contours du lac ont été notablement modifiés, et les bateliers ne manquent pas d'apprendre au voyageur, lorsqu'ils traversent le lac, que ce dernier recèle au fond de ses eaux l'ancienne ville de *Tch'ao*. De fait, l'ouvrage 通鑑地理通釋 fait mention d'un fait qui confirme cette tradition orale : 巢湖本巢縣地. 後廢爲湖. «L'emplacement «du lac *Tch'ao* était originairement le territoire de la sous-«préfecture du même nom. Il disparut dans la suite et se «convertit en lac.» Que tout ou partie du lac doive son origine à ce phénomène, survenu postérieurement à la formation de la plaine d'alluvion voisine, il importe assez peu : en tout cas, nous pensons que l'affaissement des terrains expliquerait mieux que la rupture d'une digue, la création de cette vaste étendue d'eau.

Sans parler de la région du *Kiang-sou* qui abonde en catastrophes de ce genre, il nous suffira de citer ici deux autres faits connexes, arrivés au *Ngan-hoei*. Les livres chinois attribuent au grand lac *Hong-tché* (洪澤湖) une origine semblable. C'est une cité du même nom remplacée par ce lac qui lui aurait donné son nom : 洪澤湖卽古之洪澤鎭地. Depuis, c'est sur les bords du même lac, non loin de la sous-préfecture de *Hiu-y* (盱眙), que l'ancienne préfecture de *Se-tcheou* (泗洲) a été pareillement engloutie. Ce dernier fait est relativement récent (1680) et voici l'explication qu'en donnent les Chroniques locales ; 淮湖泛漲城遂淪陷. «La rivière *Hoai* et le lac ayant débordé, la ville disparut engloutie dans les eaux.» Aujourd'hui l'on voit encore sur la rive quelques pans de murailles qui disparaissent dans l'eau ; c'est tout ce qui reste de l'ancienne préfecture, transférée depuis vers le N. O. dans l'ancienne ville de *Hong-tch'eng* (虹城).

Lac Hong-tché. *Se-tcheou.*

Lac Li-yang.

Citons un dernier exemple. Il existe à l'Ouest de la préfecture de *Ho-tcheou*, une assez vaste étendue de terrains (plus de 30 000 *meou* ou de 2 000 hectares) dont l'histoire est assez curieuse. Tour-à-tour district, puis lagune, cette région a été endiguée et rendue à la culture sous la dynastie des *Ming* mais les dommages que lui causent souvent les eaux de pluie qui l'inondent, l'empêchent de recouvrer son ancienne splendeur. Voici en quels termes, un ouvrage chinois rend compte de ces péripéties : 歷陽湖在和州之西淮南子云歷陽之都一夕爲湖.唐劉禹錫所謂一夕爲湖地千年列郡名是也. etc. «Le lac de *Li-yang* est à l'Ouest de *Ho-tcheou.* L'on rapporte qu'en une nuit, le district de *Li-yang* se «transforma en un lac. C'est à ce propos que sous les *T'ang*, «*Lieou Yu-si* écrivit ces paroles: «Une seule nuit a fait un lac «d'une cité connue depuis mille ans.»

Collines. Les collines qui, vues du *Kiang* semblent former à la préfecture de *Liu-tcheou* une ceinture infranchissable pour les eaux, non plus que celles assez nombreuses qui sont parsemées à l'intérieur du département, n'opposent en réalité aucun obstacle à l'action du *Kiang;* elles ne forment point de système déterminé, et les canaux par leurs méandres les environnent de toute part, coulant dans les vallées qu'ils ont eux-mêmes en partie comblées. Les parties basses du *Liu-tcheou-fou* ne commencent guère, je crois, à s'élever doucement qu'au Nord du lac *Tch'ao*.

Les collines du *Liu-tcheou* sont aussi nues que celles du *T'ai-p'ing-fou* qui leur font face. On en extrait de la chaux et de belles pierres de construction; mais ces dernières sont exploitées en très petite quantité.

Maisons. Les maisons de cette région sont presque toutes d'assez misérables chaumières; la préfecture elle-même, après avoir beaucoup souffert des rebelles, ne possède guère que deux immenses rues bordées en grande partie de ces constructions économiques; aussi le nom qui lui est donné (*Liu, maisonnettes*) est-il bien mérité. Ailleurs, dans le *Ngan-k'ing-fou* par exemple, les murs des habitations sont souvent composés de claies en roseaux, soit seules, soit appliquées sur un mur en terre, ou crépies grossièrement de terre glaise.

Sous-préfectures. Outre la sous-préfecture de *Ho-fei* (合肥) qui se confond avec le *Fou*, et qui doit son nom à la réunion des 2 cours d'eau *Che* (施) et *Fei*, située au N. O. du lac avec lequel elle peut communiquer par eau, l'on compte 4 autres *Hien* ou *Tcheou* sur l'étendue de ce département. L'un d'eux *Chou-tch'eng* (舒城) au S. O. du lac, communique avec lui par la rivière *Pé-yang*. Un autre est *Tch'ao-hien*, déjà nommé. Un autre *Ou-wei-tcheou* (無爲州) au Sud-Est, au bord d'une des principales artères du delta. Enfin *Liu-kiang-hien* (廬江) vers le Sud est situé à la naissance de la rivière *Si* (西河) qui va se jeter dans le *Kiang* vers l'Est, au-dessous de *Ou-wei-tcheou*.

Riz. Le trait principal qui caractérise cette contrée est l'abondance du riz qu'elle produit et qu'elle exporte par *Ou-hou*. Son coton est également recherché.

Transports par le lac. C'est par le lac *Tch'ao* que passent les marchandises du bas *Kiang* destinées à *Lou-ngan*. Un des canaux de l'Ouest, qui se jette dans le lac vers le bourg de *San-ho* (三河), est navigable jusqu'à celui de *Tao-tch'eng* (桃城) et même quelquefois 30 *li* plus loin. De *Tao-tch'eng* à *Lou-ngan* il ne reste plus que 120 *li* qui se font en brouette. Une grande quantité de cercueils sont transportés par cette voie, de même aussi que dans la direction de *Cheou-tcheou* (壽 州). Des radeaux venus du haut *Kiang* viennent aussi en nombre jusqu'à *Tao-tch'eng*, d'où l'on m'assure qu'une partie notable est charriée ensuite à *Lou-ngan.*

Routes. Les routes du *Liu-tcheou-fou* ne valent pas mieux que celles des préfectures voisines. En temps de pluie, une partie est interceptée par des flaques d'eau. Les canaux du bas *Liu-tcheou* sont précieux pour les voyageurs et l'expédition des marchandises. Ailleurs, piétons et brouettiers doivent se contenter de chemins défoncés, que la moindre averse rend d'ordinaire impraticables. Les grandes routes elles-mêmes n'ont de pierres que dans la proximité des collines. Dans les vallées les plus larges, comme dans les plaines plus éloignées des carrières l'on se contente du sol naturel.

Ponts. J'ai vu assez peu de ponts dans le *Liu-tcheou-fou.* Il en existe cependant quelques uns de médiocre dimension, notamment pour passer les ravins du Nord. Aux environs de *Tien-pou* (店 埠), j'en ai rencontré plusieurs, dont un de 50 mètres partie arqué, partie plat, à moitié détruit.

Transports. Les voyages et transports par eau et par terre se font dans des conditions normales et n'offrent rien de spécial, après ce que nous avons dit des préfectures précédentes. Ajoutons seulement en terminant, que la partie N. E. de ce département nous parait relativement peu habitée et insuffisamment cultivée, ce qui tient sans doute à la nature inférieure de son terroir.

---

3. ET 4. PRÉFECTURES DE *TCH'OU-TCHEOU* ET DE *HO-TCHEOU.*

Position. Ces deux préfectures dont la première est au Nord de la seconde, sont limitées à l'Est par la province de *Kiang-sou*, au S.E. par le *Kiang*, à l'Ouest par le *Liu-tcheou-fou*, au N.O. par la préfecture de *Fong-yang-fou* et au Nord par celle de *Se-tcheou.*

Villes. La première contient 3 villes; *Lai-ngan-hien* (來 安) vers le Nord, *Tch'ou-tcheou* (滁 州) au milieu et *Ts'iuen-tsiao-hien* (全 椒) au Sud.

La seconde, outre le chef-lieu *Ho-tcheou* (和 州) situé non loin des bords du *Kiang*, possède le *Hien* de *Han-chan* (含 山) au Nord-Ouest.

Cours d'eau. Les eaux de *Tch'ou-tcheou* se réunissent toutes dans la direction de l'Est, et forment dans le *Kiang-sou* un bras unique, nommé *Tch'ou-ho* qui passe par la sous-préfecture de *Lou-ho* (六 合) avant de se jeter dans le *Kiang.*

La branche supérieure qui passe à *Lai-ngan*, et se nomme *Cha-ho* (沙 河) n'est utilisable que sur une petite partie de son cours.

Tch'ou-tcheou qui manque de canaux voit à cause de cela son riz à vil prix, comparé à celui des districts voisins.

Ts'iuen-tsiao, ainsi que la partie sud de cette ville, peut communiquer à peu près toute l'année par eau avec *Lou-ho*.

Han-chan communique par un canal avec *Ho-tcheou* et le *Kiang*. Le riz que produisent ces deux districts est très abondant. Leur coton est recherché comme celui du *Liu-tcheou-fou*. Il a chez les indigènes une réputation d'incorruptibilité qui le fait préférer à celui des autres pays. On en fait un assez grand commerce à 烏 江 *Ou-kiang*, à quelques *li* en aval de *Ho-tcheou*. *Riz. Coton.*

Une partie de ces deux départements, surtout vers le Nord-Ouest est couverte d'ondulations et de collines presque désertes; l'on y rencontre les traces d'anciennes cultures, et de pauvres villages abandonnés depuis la rébellion. Ces pays, qui cependant ne jouissaient pas d'une grande fortune, ont dû être très éprouvés à cause de la proximité de *Nankin*. Une partie de ses habitants a disparu. A *Ts'iuen-tsiao* par exemple, un tiers de la population est fourni par le district de *Ho-fei*.

Tout ce que nous avons dit des routes, des ponts, des voyages et transports dans le *Liu-tcheou-fou* étant ici applicable, nous ne nous répéterons pas. *Routes, etc.*

III. INTENDANCE DE *FONG-YANG*.

1. PRÉFECTURE DE *LOU-NGAN-TCHEOU*.

Ce département occupe l'angle Sud-Ouest de la dernière zône ou Intendance qui nous reste à décrire. Adossé vers l'Ouest, aux montagnes élevées du *Hou-pé*, vers le Sud, à celles de la préfecture de *Ngan-k'ing*, il touche au Nord au département de *Yng-tcheou-fou*, par l'Est à ceux de *Liu-tcheou-fou* et *Fong-yang-fou*. Il a la figure d'un losange dont le grand axe, orienté du NNE. au SSO. mesure environ 200 kilomètres. La ville de *Lou-ngan* (六 安) en occupe le Nord, et celle de *Ho-chan-hien* (霍 山) le centre. Elles se trouvent toutes deux sur le bord d'un torrent qui se jette dans la *Hoai* un peu au-dessus de *Tcheng-yang-koan*. Au Sud, une autre sous-préfecture, *Yng-chan-hien* (英 山) appartient à un bassin opposé, dont les eaux sont tributaires du *Kiang* à travers la province du *Hou-pé*. *Limites. Villes.*

Rareté de la population dans le Sud. La hauteur des montagnes qui couvrent la partie méridionale de cette préfecture et l'étroitesse de la plupart des vallées, font que cette région est relativement peu habitée. N'ayant point, comme ceux du *Hoei-tcheou-fou*, les ressources du négoce au dehors, ses habitants vivent généralement assez pauvres. Pourtant ils ont conquis sur les flancs des montagnes, des terrasses dont ils ont fait des rizières et des champs qu'ils disputent à la roche pour y semer le blé, le sarrazin et surtout le maïs dont se nourrissent les montagnards moins fortunés.

Cultures. Le rapport de ces diverses cultures permet d'établir l'échelle des fortunes chez les cultivateurs de ces montagnes. En général, les habitants dont la demeure est située au bord d'une large vallée, jouissent d'une certaine aisance ; ceux qui sont relégués au fond d'une gorge plus étroite et plus élevée, mènent une vie pauvre. Ceux enfin dont la hutte se dresse sur le flanc des montagnes et qui disputent aux sangliers leur maigre moisson de maïs, vivent dans l'indigence.

Habitations. Les habitations sont en général isolées, rarement réunies en groupes nombreux, la plupart sont construites en terre. Mais les 紳董 *Chen-tong*, petits richards du pays ont d'ordinaire des édifices en briques assez bien construits. Les *Ts'e-t'ang*, fréquents dans cette contrée, sans égaler en grandeur ceux du *Hoei-tcheou-fou*, ne manquent point cependant d'une certaine grâce, au point de vue architectural.

Riz. La difficulté de l'exportation du riz, dans cette région montagneuse, explique le bon marché de cette denrée. Dans les auberges, l'on ne paie que 6 sapèques une tasse de riz qui en coûte 12 dans la plaine.

Thé. Le thé, le papier et la truffe *Fou-ling* (茯苓), constituent les trois principaux produits qui enrichissent la partie haute de *Lou-ngan*. Les environs de la préfecture produisent en outre une assez grande quantité de divers chanvres, et le pavot, nous l'avons dit, commence à s'acclimater dans les mêmes parages.

Les thés du *Lou-ngan-tcheou* ont une réputation méritée. Le P. Du Halde, parlant du *Liu-tcheou-fou* de qui dépendait alors le département actuel de *Lou-ngan*, observe que « cette « contrée fournit le meilleur thé et en abondance. C'est, « dit-il, principalement par cet endroit qu'elle est célèbre. » Jadis les montagnes de *Liu-kiang-hien* étaient couvertes de belles forêts, d'après le même auteur, et le thé qu'on y recueillait jouissait d'une très ancienne renommée, mais aujourd'hui la spécialité de cette culture paraît réservée au département de *Lou-ngan*, où la capitale de l'Empire vient elle-même se fournir. *Lieou-pouo-tchoang* (流波疃) et *Ma-pou* (麻埠) voient chaque année accourir du Nord, des commerçants qui viennent acheter le produit de la cueillette du précieux arbrisseau. Ces deux *Ma-t'eou*, situés sur des branches latérales du grand torrent qui se rend de *Ho-chan* à *Lou-ngan*, sont les centres d'un commerce très actif pendant plusieurs mois de l'année. Les barques, qui peuvent remonter le torrent jusqu'à *Ts'ing-chan* (青 山) à moitié chemin entre ces deux villes, transportent le thé aux bords de la *Hoai*. De là, cette marchandise est envoyée par des brouettes, ou par les barques du *Cha-ho* jusqu'à *Tcheou-kia-k'eou* (周 家 口), dans le *Ho-nan*. Enfin de grands chars la portent au *Chan-tong* et surtout vers *Pékin*, où elle est consommée. Un banquier de *Lou-ngan* m'a dit que le chiffre de l'exportation annuelle était d'environ 1 700 000 taëls, pour lesquels les douanes spéciales du thé prélèveraient pour 20 000 T. de droits (1).

Le chanvre, paraît-il, donnerait le même chiffre d'affaires. On le transporte par *Tao-tch'eng* et le lac *Tch'ao* à *Tchen-kiang* (鎮 江). *Chanvre.*

Le *Fou-ling* (茯 苓) Pachyma cocos, est une production spéciale qui prend le chemin de *Han-k'eou*, et de là gagne les pharmacies de la Chine méridionale, où elle est très en vogue, comme médecine tonique, m'a-t-on dit. Bien que ce ne soit point le lieu de décrire cette culture dans les moindres détails, nous en dirons quelques mots. Sur une pente sablonneuse, purgée de racines, l'on enfouit à peu de profondeur dans le sol, en les maintenant inclinées comme le sol lui-même, des billes de *Cha-chou* (桬 樹) grossièrement équarries. L'on applique sur la section supérieure de ces billes une tranche de *Fou-ling*, sorte de tubercule d'un blanc sale ou grisâtre qui peut atteindre les dimensions d'une tête d'homme. L'on recouvre ces dépôts de sable; au bout de plusieurs mois, de nouveaux tubercules reliés au bois de *Cha-chou* par des radicelles se sont formés. Quand ils ont atteint une grosseur raisonnable, on les détache de la souche mère; puis on les coupe en minces tranches qu'on fait sécher et qui sont transportées aux ports du *Kiang*. **Fou-ling.**

Ce produit si vanté à tort ou à raison par les Chinois du Sud, a fait la fortune de plusieurs montagnards, mais il a du même coup, ruiné la richesse des forêts dans ces mêmes contrées. La nécessité de renouveler à de courts intervalles les *Cha-chou* qui fournissent au *Fou-ling* l'aliment et le *sustentaculum*, bien plus encore que la dénudation des aires de culture, a déboisé d'une façon lamentable ce beau pays, autrefois splendidement couvert, mais dont il semble qu'aujourd'hui plusieurs

(1) C'est à *Ho-chan* que se fait chaque année l'expédition du thé prélevé par la Cour pour la table impériale. Il va de soi que dans ces volumineux ballots estampillés du dragon jaune, les expéditeurs ne déposent que des feuilles d'une très médiocre qualité. Un missionnaire qui leur en faisait un jour la remarque, reçut d'eux cette réponse: "Nous ne pourrions plus suffire aux envois, si l'Empereur goûtait une fois notre thé fin." Les ministres de *Pé-king*, plus avisés que leur maître, savent à quoi s'en tenir sur ce point.

espèces curieuses et fort utiles aient déjà disparu, ou soient devenues fort rares.

Dieux.

J'ai vu, dans une pagode de ces montagnes, un autel élevé à un bel échantillon de cette drogue. J'ai vu d'autres pagodins dédiés à des pierres dont la forme étrange avait frappé l'attention des dévots... Ces pauvres gens ne connaissent guère d'autres Dieux !

Papier. etc.

Outre le papier *P'i-tche* (皮紙) que l'on fabrique dans ces montagnes avec les fibres flexibles du 黃瑞香 Edgeworthia papyrifera, une autre industrie locale consiste dans la culture du Peziza auricula, connu sous le nom de *Mou-eul* (木耳). C'est sur l'écorce des troncs de jeunes chênes rassemblés en faisceaux en plein air, que croît cette plante parasite que les indigènes vendent un prix assez élevé aux gourmets des pays plus fortunés. Des nombreuses variétés de *Che-tse* (柿子) *(Diospyros Kaki)* que produit le *Ngan-hoei*, c'est dans la sous-préfecture de *Ho-chan* que j'ai vu les plus belles et les plus succulentes. (1)

Routes.

Les routes de la partie montagneuse du *Lou-ngan-tcheou* sont toujours accessibles aux piétons et aux mules, quoique assez étroites et souvent fort raides. On voit de loin en loin, surtout dans les montées et passages difficiles quelques dalles de pierre, qui ne rappellent que de très loin les chemins du *Hoei-tcheou-fou*. Ailleurs, la bonté du terrain sur lequel est assise la route, maintient les communications assez faciles, sans qu'il soit besoin d'un grand entretien. L'altitude de cette contrée ne permet pas l'usage des brouettes ; aussi tous les transports se font-ils à dos d'hommes. De *Ho-chan* à *Yng-chan* et à *T'ai-hou* il existe des routes du genre de celles que

De Ho-chan à Yng-chan et à T'ai-hou.

(1) Le massif granitique de *Ho-chan* est caractérisé par une flore subalpine très intéressante, et dont le Père Heude qui l'étudia en Septembre 1880, a bien voulu me communiquer les genres principaux. Cette liste, transcrite d'après un journal de voyage, comprend pour les arbres et arbustes, les genres : *Corylus* (2 esp.), *Carpinus*, *Alnus*, *Populus (ubiquista)*, *Hydrangea* (4 ou 5 esp.), *Corylopsis*, *Dentzia*, *Philadelphus*, *Benthamia*, *Kadsura*, *Tilia*, *Castanea*, *Quercus*, *Styrax*, *Diervillea*, *Daphne* (2 esp.), *Rubus* (esp. nombr.), *Vitis* (nombr. esp.), *Celtis*, *Hedera*, *Aralia*, *Catalpa*, *Tecoma*, etc. Pour les autres plantes : *Dyclitra*, *Parnassia*, *Senecio*, *Aconitum*, *Lychnis*, *Silene*, *Impatiens*, *Akebia*, *Bœa*, *Pyrethrum* (2 esp.), *Anemone* (2 esp.), *Scabiosa*, *Geum*, *Lilium* (plus. esp.), *Adenophora*, *Campanula*, *Campaneuma* (2 esp.), *Viola* (nombr. esp.), *Desmodium*, *Lespedeza*, *Soja* (2 esp.), *Phaseolus* (2 esp.), *Pæonia*, etc, Parmi les nombreuses variétés de vignes de cette contrée, le Père Heude en trouva une qui produisait d'excellents raisins noirs rappelant la *V. pentafilla ;* elle croissait à la passe du *T'ou-ti-ling* (土地嶺) à mille mètres environ d'altitude. Une autre espèce aux grains allongés, mais d'un goût aigrelet donne d'énormes grappes. Le même Père, en explorant sur la rive droite du *Kiang* les environs de *Ta-t'ong*, trouva sur une éminence rocheuse, en face de *Lo-kia-t'an* (洛家潭) une vigne qui fournissait un beau raisin blanc, aux grains gros et pressés.

nous venons de décrire. Il y a aussi d'assez bonnes routes de *Ho-chan* à *Ma-pou* et à *Lieou-pouo-tchoang*, les deux gros centres commerciaux dont nous avons parlé plus haut.

A Lou-ngan.

Ho-chan se trouve située dans une large vallée dont une partie est sujette aux inondations du torrent. La route qui conduit à *Lou-ngan* peut être alors coupée par les eaux pour peu de temps ; aux environs de *Ts'ing-chan*, il y a dans le même cas, quelques flaques d'eau à passer. Cette route traverse des ondulations de terrain qui se prolongent vers le N. E. dans les 2 préfectures voisines, jusqu'au bord de la *Hoai*. Par les temps de pluie, elle exerce singulièrement la patience des voyageurs. Continuée vers *Ho-k'ieou* elle devient parfois détestable.

A Tao-tch'eng et à Chou-tch'eng

Les routes de *Ho-chan* à *Tao-tch'eng* et à la sous-préfecture de *Chou-tch'eng* traversent des montagnes dans presque toute leur longueur. Enfin nous avons parlé plus haut de la route qui conduit à *Ts'ing-chan*.

Entretien.

Aucun de ces chemins n'est entretenu d'une façon régulière : un pont, un bout de chaussée, de corniche, vient-il à s'écrouler, alors les plus proches voisins songent à remédier au mal consommé. Quand l'on est ainsi réduit au cas d'extrême nécessité, les notables et autres personnages influents font circuler dans toutes les familles intéressées à la réparation, une liste de souscription où chacun à côté de son nom désigne son offrande, en argent ou en riz. C'est ce qu'on appelle 上功德. S'il reste quelque chose, une fois les travaux accomplis, c'est le profit des administrateurs : ceux-ci du reste ont toujours leur bénéfice à ces œuvres, dussent-ils pour cela faire moins et moins bien.

Ces travaux se font toujours sur une échelle fort restreinte. Les mandarins n'y paraissent pas. Comment d'ailleurs le voudraient-ils ? A *Ho-chan* par exemple, il n'y a eu depuis au moins 6 ans à exercer la charge de sous-préfet que des *Chou-li* (署理) ou intérimaires, restant un an au plus en fonctions. Et l'on sait assez que le besoin non seulement de s'enrichir personnellement, mais aussi de rentrer dans les déboursés par lesquels ils ont dû mériter la faveur de leur avancement, réduit fatalement ces pauvres fonctionnaires au rôle de rapaces, peu soucieux des intérêts généraux du peuple.

Il y aurait beaucoup à dire sur les propriétés et la rapide fortune de certaines grandes familles du *Liu-tcheou-fou* et du *Lou-ngan-tcheou*. Mais ce mal étant universel en Chine, il est inutile d'insister. Il suffira d'ajouter que d'ordinaire, ici plus encore peut-être qu'ailleurs, les fortunes acquises par des moyens peu honorables n'offrent pas de stabilité.

Ponts

Le P. Du Halde signale un « pont très remarquable proche de *Lou-ngan.*» Je ne l'ai point vu, et n'ai rien trouvé dans tout ce département que de fort ordinaire en fait de constructions de ce genre. La partie haute du pays n'a que des ponceaux en pierre; l'on y traverse les grands torrents à gué et si les eaux de pluie les rendent infranchissables, il faut attendre que le flot se soit écoulé. Plus bas, à partir de *Hé-che-tou* (黑石渡) l'on trouve des bacs sur les routes principales. Ce n'est guère qu'à la hauteur de ce bourg que le torrent devient accessible aux radeaux.

Commerce. Les principales routes commerciales du département sont les suivantes : vers le Nord, le grand torrent de *Lou-ngan*, avec ses radeaux de *Song-chou*, de *Cha-chou* et de bambous, descendus de *Ma-pou* et de *Ho-chan*. A l'Ouest, *Yng-chan*, *Ma-pou* et *Lieou-pouo-tchoang* communiquent par les montagnes avec le *Hou-pé*, et notamment avec le port de *Han-k'eou*. A l'Est, le lac *Tch'ao* permet au chef-lieu d'avoir des relations faciles avec le *Wan-nan*. C'est par cette dernière voie que les marchandises européennes venues de *Chang-hai* gagnent la préfecture.

Voyageurs. Les voyageurs vont à pied, en chaise ou en panier; les mules sont rares; quelques notables s'en servent et l'on voit un petit nombre de chevaux appartenant à des bacheliers militaires. Les brouettes peuvent circuler dans la portion Nord de la préfecture, à partir de *Ho-chan*. C'est ainsi qu'on en rencontre sur les routes de *Tao-tch'eng*, de *Ma-pou*, de *Lou-ngan*.

Piétons. Les montagnards sont d'infatigables porteurs et des marcheurs intrépides. Ils portent des fardeaux en huile, sel, ou fer qui atteignent parfois 130 livres chinoises. Employés comme courriers, ils franchissent sans fatigue des espaces considérables. L'un de nos domestiques parti un jour à 6 heures du matin pour un poste éloigné de 150 *li*, nous en revint le lendemain à 8 heures. C'était une course de 280 *li* (au moins 160 kilomètres) parcourus en 26 heures consécutives, avec le seul intervalle des repas.

Porteurs. Les porteurs loués à la journée dans les montagnes et chargés de fardeaux moyens (70 livres) ne coûtent que 50 sapèques par jour. En outre on les nourrit, mais ils n'ont droit ni au pourboire ni aux sandales de paille dont ils protègent leurs pieds. Pour des charges plus pesantes, l'on peut déterminer à forfait à raison de tant par livre pour un parcours donné. Ainsi de *Ho-chan* au village de *Chen-keou-p'ou* (深溝舖), dans le Sud (150 *li*) l'on paie 9 sap. par livre. De *Lou-ngan* au dit village (230 *li*) 14 sap.

Brouettes. Les brouettes chargées d'une façon ordinaire (200 livres) coûtent 7 sap. par *li*. Les brouettiers se nourrissent et se contentent pour le retour, d'une légère indemnité. Le prix officiel, et par conséquent minimum pour chaque porteur de chaises et de paniers est le même.

Sel.

Le sel venu de la côte de *Hai-tcheou* (海州) par la *Hoai* et par *Lou-ngan* remonte le torrent jusqu'à *Hé-che-tou*, où se trouve un entrepôt pour alimenter les 2 sous-préfectures du Sud. Ce sel coûte jusqu'à 80 sapèques la livre ; et le sel de contrebande venu du *Hou-pé* lui fait concurrence sur la frontière des 2 provinces.

Bateaux.

Je ne sais si j'ai parlé plus haut des conditions des transports entre *Tao-tch'eng* et *Ou-hou*. Une petite barque où l'on doit rester couché ou assis coûte environ 3 carolus. Une barque moyenne où l'on reste facilement debout revient à un prix double. Enfin il nous est arrivé de payer pour ce trajet jusqu'à dix car. une barque capable de loger à l'aise trois missionnaires.

Neige.

Dans les montagnes, du commencement de Janvier au milieu de Février, les routes sont souvent interceptées par la neige. Il en est de même dans le *Hoei-tcheou-fou*.

Sécurité.

Il n'y a pas de brigands dans le pays ; cependant l'on voyage peu de nuit, excepté peut-être au temps des grandes chaleurs.

Auberges.

L'hospitalité, dans la plaine, se donne aux conditions ordinaires des autres pays. Dans la montagne, elle est plus économique : un repas ne coûte que 20 sapèques ; le *T'eou-fou*, si l'on en veut, coûte 4 sap. de plus. Le thé est gratuit. Si l'on soupe dans la maison où l'on passe la nuit, il n'y a rien à ajouter pour la natte ni pour frais de logement.

2, 3 ET 4. PRÉFECTURES DE *FONG-YANG-FOU*, *YNG-TCHEOU* ET *SE-TCHEOU*.

L'ancien départe-ment de Fong-yang.

Que l'on ne s'étonne point de nous voir réunir sous un même titre ces trois vastes départements. La similitude d'usages et de productions, le faible intérêt qui s'attache à ces contrées pauvres au point de vue commercial, justifierait suffisamment cette mention assez sommaire. Du reste au commencement du siècle dernier, ces trois préfectures n'en formaient qu'une seule, ressortissant à la ville de *Fong-yang-fou* comme chef-lieu. Le P. Du Halde en parlait en ces termes : « Son ressort est fort étendu, car il comprend dix-huit villes, « dont cinq de second ordre *(Tcheou)*, et treize du troisième « *(Hien)*; sans compter un grand nombre de *Ma-t'eou*, ou « lieux de commerce, établis sur ses Rivières pour la com« modité des Négocians et la levée des droits de l'Empe« reur. Cette étendue contient en largeur 80 lieues de l'Est à « l'Ouest, et en longueur environ 60 du Nord au Sud : c'est « plus que n'en ont nos plus grandes Provinces d'Europe. »

Mutations. C'est en l'année 1724 que cette préfecture commença à être démembrée ; cette même année, seconde du règne de *Yong-tcheng* (雍 正), on en sépara la ville de *Se-tcheou* qui reçut une juridiction indépendante (直 隸). C'est encore cette année que la cité de *Lou-ngan*, jusque-là rattachée au *Liu-tcheou-fou* reçut la même faveur.

Onze ans plus tard, la ville de *Yng-tcheou* fut érigée en préfecture de 1ère classe *(Fou)*, et reçut en partage les arrondissements qu'elle gouverne aujourd'hui, à l'exception toutefois de *Kouo-yang-hien* qui ne fut institué qu'en 1866. Enfin ce fut cette même année 1866 que la sous-préfecture de *Fong-t'ai-hien* fut transportée dans le *Ma-t'eou* de *Hia-ts'ai* (下 蔡) qu'elle occupe aujourd'hui.

Fong-yang-fou. «La 7e année de son règne, lisons-nous dans les Chroni- «ques du *Ngan-hoei* (c'est-à-dire en 1374), *Hong-ou* (洪 武) «fondateur de la dynastie des *Ming* éleva la ville de *Fong-* «*yang-fou*, et donna à son enceinte qui n'était que de terre, «un développement de 50 *li* (30 kilom.) avec douze portes.» Le nouvel empereur, ancien valet de bonzes, voulait illustrer sa patrie en y transportant sa capitale, et «en y bâtis- «sant une ville superbe.» Mais, continue le P. Du Halde, «l'inégalité de son terrain, la disette d'eau douce et encore «plus, la proximité du Mausolée de son père, lui firent changer «de résolution... Il transféra son Trône à *Nan-king*, lieu plus «beau et plus commode, qui n'est éloigné de *Fong-yang* que de «32 lieues.»

Outre le «Mausolée» dont il vient d'être question, l'empereur laissait à sa ville natale comme souvenir de sa munificence, un «donjon de cent pieds de haut» et «un Temple «superbe érigé à l'Idole Foe» dans l'endroit même où le monarque avait jadis «servi pendant quelques années de valet de «cuisine.»

«A ces trois monuments près, écrivait notre auteur, on «ne voit rien maintenant dans *Fong-yang* qui mérite quel- «que attention ; elle a été tellement désolée par les guerres, «que d'une Ville Impériale, elle est devenue un vaste Village : «elle est assez peuplée et assez bien bâtie vers le milieu ; mais «tout le reste ne consiste qu'en des maisons basses et couver- «tes de chaume, ou bien en de rases campagnes, où l'on a plan- «té dù tabac, qui fait la richesse, et presque le seul commerce du Pays.»

Il serait assurément curieux de faire la statistique des grandes cités détruites en Chine, au cours de ses nombreuses révolutions, et nous n'avons donné les détails qui précèdent que dans l'espoir d'attirer sur ce point intéressant d'histoire les recherches de quelque sinologue.

La gloire éphémère de *Fong-yang* s'est vue encore diminuée, depuis qu'en 1754, l'Empereur *K'ien-long* a réduit son enceinte aux proportions modestes d'environ douze mille pieds de tour.

Sous-préfectures du Fong-yang-fou.

A 3 *li* seulement à l'Ouest de l'ancienne capitale, se dressent les remparts de *Fong-yang-hien* (鳳 陽). La rive droite de la *Hoai* compte encore deux autres sous-préfectures dépendant du département de *Fong-yang : Ting-yuen-hien* (定 遠), au Sud de la préfecture ; et vers l'Ouest, *Cheou-tcheou* (壽 州) non loin des bords de la rivière *Hoai*. Cette dernière ville, bâtie au milieu d'un marais, communique au *Hoai-ho* par des canaux et par des lacs, mais le déplorable état des chaussées qui y conduisent, en rend très difficile l'abord par terre à l'époque des grandes eaux. Les murailles, de 25 pieds de haut et de 13 *li* de long, semblent, de nos jours surtout, absolument hors de proportion avec les besoins d'une cité dont la très grande partie est livrée à la culture maraîchère. Du reste, cette remarque faite une seule fois et en passant, nous semble applicable aujourd'hui à la plupart des villes murées du *Ngan-hoei*, car en présence des progrès de l'armement militaire de la Chine, de pareilles enceintes nous paraissent une bien faible défense pour les populations qui leur demanderaient le salut.

Sur la rive gauche du *Hoai-ho*, 4 autres sous-préfectures dépendent du *Fong-yang-fou*. Deux sont situées sur les bords de la rivière : *Hoai-yuen-hien* (懷遠) à l'embouchure du *Kouo-ho*, et *Fong-t'ai-hien*, (鳳臺) non loin de la bouche du *Fei-ho*. La première de ces 2 villes a une enceinte vieillie en dehors de laquelle s'est formée une nouvelle ville qui nous à paru très vivante. *Fong-t'ai* ou *Hia-ts'ai* est un triste bourg sans vie et sans poésie.

Enfin, plus au Nord, sur la grande route qui conduit de *Se-tcheou* au *Ho-nan*, il y a encore les sous-préfectures de *Ling-pi-hien* (靈 壁) et de *Sou-tcheou* (宿 州). Cette dernière, placée à l'intersection de plusieurs chemins importants, nous a semblé assez bien bâtie ; beaucoup de ses maisons sont construites en terre.

Du Yng-tcheou-fou.

Le chef-lieu du *Yng-tcheou-fou* est arrosé par la rivière *Cha* ainsi que les sous-préfectures de *T'ai-ho-hien* (太 和) vers le Nord-Ouest et de *Yng-chang-hien* (潁 上) au Sud-Est. Au Nord de ce département, les sous-préfectures de *Po-tcheou* (亳 州), de *Kouo-yang-hien* (渦 陽) et de *Mong-tch'eng-hien* (蒙 城) s'espacent le long de la rivière *Kouo*, dans la même direction, c'est-à-dire du Nord-Ouest au Sud-Est.

Les trois premières de ces villes sont d'assez modestes dimensions et ne mesurent que 4 à 5 *li* de tour. Des faubourgs assez considérables augmentent l'importance du chef-lieu. C'est sur cette ligne, ainsi que vers *Cheou-tcheou*, *Ho-tcheou* et dans les environs de *Ngan-k'ing* que séjournent les principales colonies de musulmans résidant au *Ngan-hoei*. Les 3 villes situées sur la *Kouo* sont couvertes de paillottes et leur vue rappelle mieux que celles élevées sur les bords du *Cha-ho* les mœurs rudes et les goûts primitifs des habitants du Nord.

Rivières. Le *Cha-ho* reçoit dans le *Ngan-hoei* plusieurs affluents navigables; l'un entre autres qui se jette dans cette rivière à la hauteur de *Yng-tcheou-fou* après avoir arrosé plusieurs villes du *Ho-nan*.

En revanche les canaux transversaux qui reliaient autrefois les rivières *Fei* et *Kouo* et que notre carte reproduit à la suite de celle des anciens Jésuites, sont depuis longtemps oblitérés et ne peuvent plus être régulièrement utilisés par les barques.

Douanes. Outre les villes que nous avons nommées, il s'en trouve une autre à l'entrée du *Cha-ho :* c'est *Tcheng-yang-koan*, grande douane et station importante où séjourne constamment une flottille de plusieurs milliers de barques. Ce poste situé sur le territoire du *Fong-yang-fou* relève, ainsi que celui de *Lin-hoai-koan* (臨 淮 關), autre douane située sur la *Hoai* à peu de distance de *Fong-yang-fou*, de l'Intendant du Nord. Les droits annuels de douane dont ce mandarin est redevable à forfait envers la cour impériale sont fixés par les *Chroniques* de 1878 au chiffre de 90 159 taëls. Suivant les indications du même ouvrage, les revenus de la douane (chinoise) de *Ou-hou*, soumise au *Tao-t'ai* du *Wan-nan* seraient affermés (額 稅) pour 156 919 taëls (1).

La ville de *Yng-tcheou-fou* sert en même temps de résidence au sous-préfet du district appelé *Feou-yang-hien* (阜 陽). Une dernière sous-préfecture *Ho-k'ieou-hien* (霍 邱) située sur la rive droite de la *Hoai*, avec laquelle elle est reliée par un système de lacs et de lagunes, complète la division administrative de ce vaste département.

Bornes. Borné au Nord et à l'Ouest par la province du *Ho-nan*, au Sud, par le *Lou-ngan-tcheou*, le *Yng-tcheou-fou* confine à l'Est au *Fong-yang-fou*. Celui-ci vers le Sud a pour voisin le *Liu-tcheou-fou*, au Nord la province du *Kiang-sou* et au levant, la préfecture de *Se-tcheou*, limitrophe elle-même du *Kiang-sou*, du Nord-Ouest au Sud-Est.

Le Se-tcheou. La préfecture actuelle de *Se-tcheou* occupe le Nord du département du même nom. Au Sud de cette ville, sur les bords de la *Hoai* et non loin de l'entrée du lac *Hong-tché*, se trouve la sous-préfecture de *Ou-ho*, cité déserte et démantelée, munie d'un faubourg où s'est retiré tout le commerce, et connue seulement par sa douane au sel, succursale de celles de *Lin-hoai-koan* et de *Tcheng-yang-koan*.

---

(1) L'on sait que de pareilles places très lucratives sont avidement recherchées; elles sont données le plus souvent à quelque officier originaire des Bannières, qui trouve moyen de faire à son compte personnel, des bénéfices égaux, parfois même supérieurs à ceux dont il est redevable à l'État.

Vers le Sud-Est de cette étroite préfecture qui ne mesure pas moins de 200 kilom. de longueur, *Hiu-i-hien* (盱 眙) sur le bord méridional du lac, et plus loin *T'ien-tch'ang-hien* (天 長) sur les limites du *Kiang-sou*, complètent la série des villes du *Ngan-hoei*.

Nous avons déjà décrit l'aspect et le relief de ces contrées. *Aspect.* Au Sud de la *Hoai* il y a de nombreuses ondulations, quelques rangées de collines. Celles qui avoisinent *Cheou-tcheou* donnent de beau grès rose; d'autres proches de *Fong-yang-fou* donnent une jolie pierre dont on fait des bracelets. C'est sans doute de cette pierre que le P. Du Halde parlait, lorsqu'il écrivait: «On «trouve dans les montagnes de son voisinage quantité de talc.»

Les bords de la *Hoai* sont couverts de souvenirs du *Grand* *Le* Grand Yu. *Yu* (大 禹). Plusieurs pagodes lui sont dédiées, en mémoire des immenses travaux de canalisation et d'assainissement qu'il aurait entrepris dans cette contrée. Il est assez curieux de retrouver après 4 000 ans, chez un peuple dont la qualité principale n'est certes point la gratitude, une telle persévérance dans le culte du souvenir envers un illustre bienfaiteur. Sur l'un des deux pics qui dominent l'entrée de la sous-préfecture de *Hoai-yuen* se dresse une pagode qui rappelle les prodiges du fondateur des *Hia* (夏). Le *Grand Yu*, raconte-t-on, aurait divisé la montagne en deux pour créer à la *Hoai* une voie plus assurée. La pagode qui domine le roc nu contient dans sa cour un *Pé-kouo-chou* (白 菓 樹) Salisburia adiantifolia au tronc monstrueux que l'on dit avoir été planté de la main même du héros.

Les collines de la rive droite sont généralement dénudées; *Rive droite.* ses routes sont mauvaises, couvertes de fondrières; de nombreuses ravines rendent les voyages à travers cette contrée difficiles. Elle a du reste souvent un aspect assez sauvage qui contraste singulièrement avec celui des plaines de la rive gauche.

Ici, c'est l'immensité prodigieusement peuplée: l'ancienne *Rive gauche.* mer est devenue Sahara, grâce aux puissants apports du fleuve Jaune, et le désert lui-même, envahi par les populations de la vieille Chine, s'est vu forcé de produire des fruits. Rien de frais et de simplement gracieux comme ces contrées, par une belle journée de printemps, lorsque les blés étendent à perte de vue leurs vertes pelouses, découpées de loin en loin par des bouquets d'arbres qui forment la parure des nombreux villages disséminés dans la grande plaine. On appelle souvent *Ouo-tse* (窩 子), *Villages.* nids, ces agglomérations rurales, et le nom convient à la chose qu'il exprime: entrez dans cette enceinte qu'entoure le plus souvent une pièce d'eau, qui sert à la fois de vivier, de défense contre les maraudeurs, et qui a procuré aux villageois la terre nécessaire pour exhausser le sol de leurs maisons; vous verrez, derrière le rideau de saules qui dissimulait ce nid humain, un amas de pauvres chaumières, et devant, mêlée aux ânes, aux bœufs et aux chars qui attendent l'heure du travail, la troupe deminue des enfants qui grouillent et folâtrent sur l'aire, sans songer aux misères que leur réserve cette vie.

Population. Ils sont rudes, ces hommes du Nord ; la misère les a rendus de bonne heure insensibles à toutes les souffrances. On compte chez eux peu de lettrés, comme en fait foi le peu de succès qu'éprouvent leurs candidats aux concours de licence. L'on n'a guère de goût pour les lettres, lorsqu'on se voit sans cesse à la veille de mourir de faim. Mais cette ignorance de la science la plus vaine qui se puisse voir, a valu à ces peuples l'avantage de garder une plus grande simplicité, qu'on ne trouve guère chez leurs compatriotes du Sud. Il est vrai que très souvent cette simplicité dégénère en grossièreté et même en barbarie. L'extrême misère est mauvaise conseillère, et il n'est guère d'années, où sur quelque point de ce vaste territoire, des bandes armées ne s'organisent pour rançonner les campagnes. C'est ainsi que pendant plusieurs mois de l'hiver dernier, un parti de brigands s'était formé sur les bords de la *Fei*, entre *Fei-ho-k'eou* et *Hia-ts'ai*, se livrant impunément à l'incendie, au meurtre et au pillage.

Wei-tse. En prévision de pareils coups de main, un grand nombre de villages sont organisés de longue date, sur le pied de défense. Des remparts en terre flanqués de fossés et munis d'embrasures, des portes surmontées d'une plateforme d'observation défendent ces villages connus sous le nom de *Wei-tse* (圍子) ou *enceintes*. C'est surtout, m'a-t-on dit, pour se protéger contre les incursions des bandes descendues du *Ho-nan*, que ces travaux ont été faits jadis. Ils servent encore de nos jours pour se mettre à l'abri des brigandages locaux qui éprouvent périodiquement ces contrées.

La longue habitude de la lutte contre les hommes et contre les éléments a rendu ces populations relativement assez braves. Quant à l'endurance, au stoicisme dans la souffrance, aucune nation, croyons-nous, ne les dépassera; pour la lutte active et l'initiative des combats, sans être positivement courageux, les gens de la plaine sont toutefois plus aptes et mieux organisés que les populations du Sud. Chaque famille possède quelques lances, souvent un vieux fusil, et à la moindre alerte, on étale au grand jour cet armement primitif. J'ai vu, pendant des jours mauvais, des braves faire parade de petits canons cerclés et de longues couleuvrines qui ne manqueraient point d'intérêt dans un musée d'armement rétrospectif.

Ce sont ces contrées et celles de *Liu-tcheou-fou* qui fournissent le plus de soldats aux troupes de la province, et tout dans ce pays, jusqu'au titre des notables, appelés *Lien-tsong* (練總), montre que ses habitants sont doués d'aptitudes belliqueuses.

Outre les villages dont nous avons parlé plus haut, il en est d'autres appelés *Tsi* (集), spéciaux à ces pays du Nord, qui servent de marchés pour les campagnes voisines. Ces *Tsi* se composent d'un nombre plus ou moins considérable de boutiques et d'auberges: les jours de marché (封 集 *fong-tsi*), l'on y voit affluer les paysans qui viennent y échanger leurs grains et leurs bestiaux; ces jours sont déterminés à l'avance, comme nos foires en France: pour tel *Tsi* ce sera le 1er, le 6, etc., de chaque *lune;* pour un autre, le 4, le 9, etc. (一 六... 四 九...). Ces jours-là, le petit bourg est très animé: les bouchers tuent quelques porcs et tentent l'appétit des manants affamés; le mercier étale à son échoppe ses faïences grossières, des baguettes d'encens, quelque passementerie aux couleurs voyantes, pour la plus grande joie des ménagères, des dévotes et des élégantes. On arrive en troupe au marché. On tient ici celui des bœufs, là-bas celui des cochons, plus loin celui des ânes; on essaie les mules, on boit du thé, on discute les prix, on s'agite et on crie... Puis le soir venu, chacun regagne sa demeure. Le marché fermé (閉 集 *pi-tsi*) redevient silencieux et désert jusqu'au jour de la prochaine réunion. *Marchés.*

Rien dans le Sud ne rappelle ces mœurs. Dans ces contrées où la pauvreté est moins grande, la population moins dense, et le commerce plus actif, des bourgs nommés *Ts'uen* (村), ouverts d'une façon permanente aux acheteurs et aux vendeurs, remplacent les marchés que nous venons de décrire. C'est dans ces bourgs du Sud, avouons-le en passant, que trop souvent les paysans consomment leur perte en s'adonnant à l'usage pernicieux de l'opium et aux autres vices. *Bourgs du Sud.*

Au Nord de la *Hoai*, l'usage des chars est universel, aussi les routes sont-elles plus larges qu'au Sud. Tandis qu'ici les plus larges dépassent rarement 3 ou 4 mètres, là elles atteignent des dimensions doubles et triples. Une des plus belles routes que nous ayons vue est celle qui va de *Se-tcheou* à *Pien-liang-tch'eng* (汴 梁 城) ou *K'ai-fong-fou* en passant par *Siu-tcheou* (徐 州). Elle est fréquentée par un grand nombre de ces lourds équipages: quatre et cinq bêtes, souvent d'espèces différentes, sont attelées à ces chariots sans grâce que supportent quatre roues pleines. La route de *Sou-tcheou* à *Fong-yang* est également animée: on y rencontre fréquemment des soldats, dont les postes plus nombreux qu'au Sud sont destinés à maintenir la paix dans ces régions parfois turbulentes. La même route voit passer de temps à autre de longues files de mulets chargés des soieries de *Nankin*, accompagnées d'une escorte militaire pour la sûreté de ces marchandises. Ce sont surtout des familles mandarinales, m'a-t-on dit, qui se livrent à ce négoce avantageux. *Routes.*

Y a-t-il disette dans la plaine, et le cas n'est pas rare, certaines routes, celles du Nord-Ouest surtout, deviennent peu sûres. Quand le *Kao-liang* a poussé ses hautes tiges, il est bon *Sécurité.*

aux voyageurs de n'avancer qu'en nombre : sans quoi ils peuvent être surpris par des pillards. Les gens du pays ne voyagent qu'avec ces précautions : vont-ils à quelque distance et chargés de marchandises, ils s'arment de lances, et se réunissent au nombre de 5 ou 6 chars à la fois. La vue de ces lourdes et lentes caravanes ne manque point de pittoresque : 2 ou 3 hommes gardent chaque véhicule et poussent à la roue au milieu des ornières; ils ont dressé sur les bords du char les longues hampes en bambous que terminent un flocon de laine rouge et la pointe de fer, comme cela se pratiquait aux âges du *Che-king*.

C'est ainsi que s'avancent, par exemple, les cultivateurs de *Po-tcheou* qui vont à *K'ai-fong-fou* vendre leur blé et en rapportent du coton.

Culture. Nous l'avons dit, le pays est pauvre : l'extrême densité de sa population, surtout en se rapprochant du *Ho-nan*, la qualité inférieure de son terrain qui est trop sablonneux, les inondations et les sécheresses dont il souffre tour à tour, obligent les habitants à la plus stricte parcimonie. *Pauvreté.* Un certain nombre d'entre eux va chaque hiver chercher au Sud la nourriture que la terre lui refuse. J'ai vu l'hiver dernier ces pauvres gens manger du *T'eou-ping* (豆餅), grossiers tourteaux de fèves dont on ne se sert d'ordinaire que pour fumer les terres ou engraisser les porcs. Je les ai vus fouiller le sable pour lui dérober les racines de plantes sauvages, dont ils font à la fois leur nourriture et leur combustible, moins heureux encore que les montagnards de *Ho-chan* et du *Kien-tê* qui trouvent dans les racines de la fougère *Kiuê* (蕨) et du *Ko* (葛 Pachyrhizus trilobus), la matière d'une farine passable.

Et pourtant ils sont obstinément attachés à leur pays. Cette année, le bruit avait couru dans le district de *Po-tcheou* qu'on allait démembrer chaque famille et envoyer au loin comme colons de nouvelles terres, les seconds fils de chaque famille pauvre. Cette rumeur alarma les habitants des campagnes qui protestèrent contre une telle mesure et les choses en restèrent là.

Nourriture. Tandis que dans le segment du centre, outre le blé et les fèves que l'on mange en brouet (稀飯), on cultive le riz sur une large échelle, les plaines du Nord insuffisamment arrosées ne peuvent produire cette dernière graine. Au mois de Juin, l'on fait la première récolte, qui est de blé; puis l'on sème les féves, le sorgho et, plus au Nord, le millet. Le sorgho est une plante d'une grande utilité dans ces pays pauvres; de sa graine on fait du pain, bien grossier il est vrai, du brouet, de l'alcool si cher aux gosiers du Nord; et ses chaumes servent de chauffage et de couverture pour les toits.

La paille de blé soigneusement empilée et recouverte d'une couche de boue est réservée à la nourriture des bestiaux, dont il existe de belles races, malheureusement nourries d'une façon insuffisante.

Les échanges avec les pays voisins sont très peu nombreux; *Echanges.* si la récolte est insuffisante, l'on achète du blé au dehors; dans ce cas, le riz même est parfois meilleur marché. Le coton, qui vient du *Ho-nan*, est filé et tissé par les femmes qui trouvent à ce travail un très maigre profit.

Quoique la campagne soit couverte de bouquets d'arbres, *Bois.* ceux-ci fournissent peu de bois de construction; l'on trouve des mûriers, quelques acacias (槐 樹) dont les planches sont utilisées pour faire des mangeoires, puis des 椿 樹 *Tch'eou-chou.* Le reste est insignifiant. Aussi le bois employé dans les maisons est-il nul, et le mobilier des maisons et des auberges se voit réduit à des proportions telles qu'on se croirait chez les plus misérables peuplades d'Afrique.

Outre les environs de *Fong-yang-fou* et les campagnes de *Tabac.* *Lieou-fou* (劉 府), au S. O., la ville de *Ou-ho* cultive une assez grande quantité de tabac qu'elle exporte à *Soei-ning-hien* (睢 寧) au *Kiang-sou.*

Inutile de dire que l'entretien des routes est au Nord aus- *Entretien.* si nul que dans les autres contrées. Les mandarins n'en ont cure. Quand les propriétaires riverains ont négligé de réparer une route trop maltraitée, les chariots font un détour et passent sur leurs champs.

A la saison des pluies, les roues de ces véhicules sont remplacées par de larges patins en planche : ce char d'un nouveau genre, appelé *Touo-tch'é* glisse sur la boue des chemins, tandis que l'attelage disparait dans la vase jusqu'au poitrail.

Il y a peu ou point de ponts. J'en vis un jour, sur la *Fei*, *Ponts.* un assez curieux, à trois arches ogivales.

Les ponceaux en pierre sont assez communs, mais l'absence de ponts suffisants sur les canaux plus larges est cause que les riverains multiplient en travers des cours d'eau, les barrages en terre pour faciliter le passage de leurs chars. Ces obstacles, ajoutés à ceux que les pêcheurs créent sans cesse dans le lit des canaux, contribuent pour une bonne part aux malheurs dont souffre chaque année une partie de la population.

Les deux rivières de la rive droite qui coulent sur les limi- *Transports par eau.* tes du district de *Cheou-tcheou* sont navigables à partir de *Wa-pou* (瓦 埠) et de *Pé-lou-k'iao* (白 鷺 橋). De *Fong-yang-fou* un étroit cours d'eau, d'accés difficile, conduit à *Lin-hoai-koan* (18 *li*). Sur la rive gauche, la rivière *Koei* est navigable pendant 100 *li* et plus, jusqu'à *Nan-p'ing-tsi.*

Les barques qui remontent la *Hoai* transportent du sel *Sel.* pour la plus grande partie; leur nombre est considérable, et plusieurs d'entre elles peuvent charger 120 000 livres.

Au retour, elles reviennent à vide, ou chargées de fèves. Utilisant un jour l'une de ces barques, j'appris de son patron les détails suivants : C'est au portage de *Si-pa* (西 垻) non loin de *Ts'ing-kiang* (ou 清 河) sur le *Canal impérial* (運 河), que les barques de la *Hoai* vont faire leur chargement. Une barque de tonnage moyen, comme était la nôtre, peut porter 200 *pao* de 103 livres. Nos bateliers avaient loué leur barque, à raison de 200 sapèques par *pao*, à un marchand de sel qui avait payé cette marchandise 1 500 sap. à *Si-pa*, et ils avaient conduit le chargement à 520 *li* en amont de *Ou-ho-hien*. Les droits de douane perçus sur cet itinéraire avaient considérablement augmenté le prix de cette denrée au terme du voyage : nos gens m'assurèrent qu'une tare de 500 sapèques par *pao*, avait été exigée deux fois, ce qui porterait à 1 200 sap. les frais de transport, et doublerait presque le premier prix d'acquisition.

La barque dont nous venons de parler, ne nous coûta pour le même parcours que 4 à 5 mexicaines. Mais pour remonter la *Hoai* le prix eût été plus considérable.

Brouettes. Bien que les transports se fassent généralement en chars, à l'intérieur des terres, on rencontre aussi des brouettes. Les prix sont les mêmes qu'au Sud; en moyenne 7 sap. par *li*, nourriture comprise; parfois 4 ou 5 sap. suffisent.

Porteurs. L'on trouve peu de bons porteurs dans un pays où les bêtes de somme abondent. Ceux qu'on emploie du reste ne vendent pas cher leurs services : généralement 100 sap. par jour et la nourriture leur suffisent; ailleurs, il faut donner 150 sap. Vers le Nord j'ai rencontré des brouettes à double paire de brancards, appelées *Hong-tch'é;* j'en ai vu d'autres utilisant le vent favorable au moyen d'une voile. Les conditions de transport sont les mêmes que pour les autres instruments.

Chars. Les chars à bœufs (3 bêtes et 2 hommes) se louent de 500 à 800 sap. sur les bords de la *Fei*, et peuvent fournir des étapes de 80 *li* par jour. Ce sont en général des bêtes trop maigrement nourries, et pour de longs voyages, on en attelle jusqu'à 5 ou 6, là où une bonne paire de bœufs de nos campagnes de France suffirait.

Anes. Du côté de *T'ai-ho-hien*, les ânes employés comme montures ou comme porteurs ne coûtent que 5 sap. par *li*. De *Ou-ho* à *Soei-ning-hien* (170 *li*), un âne chargé de 180 livres de tabac ne coûte que 800 sap. tous frais compris. J'ai fait avec une mule et un âne de louage une autre course de 420 *li*, de l'Est à l'Ouest de la plaine. Je nourrissais les bêtes et leur unique guide et je donnai 4 mexicaines en tout, sans avoir à m'occuper du retour. Et la course était bien payée.

Voitures. Outre les chars pesants dont il a été question plus haut, il en est un autre, à l'usage des voyageurs aisés, sorte de caisson soutenu sur deux roues à rais, et conduit par deux mules. Ce mode de locomotion est rapide et relativement assez commode, mais il est coûteux. Ainsi la route de *Po-tcheou* à *Tcheou-kia-k'eou* (240 *li*) est franchie en deux jours et demi par ces attelages, mais les frais de ce voyage peuvent monter jusqu'à 8 *tiao* de sapèques. De *Fei-ho-k'eou* à *Lou-i-hien* (鹿邑) ou à *T'ai-ho-hien* (80 *li*) le trajet coûte 2 400 sap. De fait, ce simple voyage aller et retour suppose environ 3 jours, et ne met encore la journée qu'à 800 sap. — Il paraît que pour de plus longs parcours, l'on peut traiter à des conditions plus avantageuses, et ne donner par exemple qu'un *tiao* (弔 1 000 sapèques) par jour de marche, sans s'occuper du retour.

L'on trouve de ces voitures surtout depuis *Yng-chang-hien* jusqu'à *Po-tcheou* et sur la route de *Se-tcheou* au *Ho-nan.*

Chaises. Il y a peu de chaises à porteurs au N. de la *Hoai ;* mais sur la grande route venant de *Nankin* et sur celles qui conduisent au *Ho-nan,* on rencontre des litières dont les brancards sont portés par des ânes ou par des mulets.

Auberges. Les auberges de cette région, nous le répétons, sont d'une pauvreté remarquable ; excepté à *Sou-tcheou* où nous avons trouvé dans une hôtellerie quelque mobilier, toutes les auberges où nous nous sommes arrêtés sont dénuées des instruments les plus indispensables ; on couche à terre, heureux lorsqu'on peut se procurer une natte ou quelques planches, voire même de la paille. Quant aux tables de ces réduits elles atteignent rarement plus d'un pied d'élévation.

En général 100 sapèques suffisent à la nourriture d'un voyageur par jour, frais d'hospitalité compris. En route, l'entretien d'un mulet s'élève à un chiffre plus considérable. L'on demande 80 sap. par bête rien que pour la paille et le son consommés en une nuit.

Tous ces détails sans doute sont vulgaires et manquent d'intérêt pour la plupart des lecteurs, aussi bornerons-nous ici notre étude sur le *Ngan-hoei.*

CONCLUSION.

Misère. Les anciens missionnaires de Chine, après avoir énuméré les ressources d'un pays qu'ils considéraient comme «l'une des plus fertiles portions de l'univers», se voyaient cependant contraints d'ajouter aussitôt : «Il est pourtant «vrai de dire que le plus riche et le plus florissant Em-«pire du monde, est dans un sens assez pauvre : la terre, «quelque étendue et quelque fertile qu'elle soit suffit à peine «pour nourrir ses habitans : on ose dire qu'il faudrait deux «fois autant de terres pour les mettre à leur aise.» (Du Halde)

Il y a un siècle et demi que cette remarque judicieuse a été faite et on comprend qu'elle n'a rien perdu de sa valeur, au contraire. Aujourd'hui, si la population a doublé au *Ngan-hoei*, depuis les temps du P. Du Halde, c'est «quatre fois autant de terres» qu'il faudrait écrire.

La misère est donc grande, très grande même, dans la population rurale, surtout chez celle du Nord. Or, continuerons-nous avec le même auteur, « une misère extrême « porte à de terribles excès : ainsi quand on voit les choses « de près, on est moins surpris que les parens exposent plu- « sieurs de leurs enfans, qu'ils donnent leurs filles pour escla- « ves, et que l'esprit d'intérêt anime un si grand peuple : on « s'étonne plutôt qu'il n'arrive pas quelque chose de plus funes- « te, et que dans les temps de disette, tant de peuples se « voyent en danger de périr par la faim, sans avoir recours aux « violences, dont on lit tant d'exemples dans les histoires de « l'Europe. »

Malgré les désordres partiels qui troublent parfois la paix des campagnes au Nord de la *Hoai*, nous avouons partager l'étonnement de notre auteur, à la vue de ces peuples qui souffrent en silence, et que l'excès seul de leurs misères, exploité par quelque aventurier, parvient à soulever à de rares intervalles, contre un régime aussi égoïste dans ses actes, qu'il est libéral dans ses protestations.

Remèdes. Nous avons déjà indiqué plusieurs améliorations qui pourraient contribuer au bien-être de cette province. La canalisation de la plaine du Nord serait pour la population qui l'habite un immense bienfait. Le reboisement des montagnes, l'exploitation des mines, la mise en culture d'un grand nombre de collines basses actuellement délaissées comme moins productives, l'élevage du bétail, le perfectionnement de l'outillage aratoire enrichiraient les contrées du centre et du Sud. Le bon entretient des ponts et des chaussées, l'extension de la navigation à vapeur, et surtout la construction de voies ferrées assureraient la sécurité et la rapidité des échanges et du ravitaillement dans les temps de disette.

Mais pour tout cela, il faudrait une administration sage et prévoyante, il faudrait des travaux publics, et dès lors de l'ordre, des notions scientifiques, l'abandon d'un sot orgueil et de préjugés fanatiques, il faudrait de l'honnêteté surtout dans la perception des taxes, dans la dispensation des fonds publics, il faudrait du dévouement de la part des pouvoirs publics. Les institutions, les caractères de la Chine sont-ils mûrs pour de telles réformes, éminemment humanitaires ? Nous voudrions l'espérer, mais il est une parole du décret précité du 30 Juin dernier, qui nous laisse peu d'espoir de voir s'accomplir ces progrès à l'époque où nous vivons. Cette parole est dure à ceux qu'elle flagelle et nous n'eussions point osé la prononcer nous-même ; mais puisqu'elle appartient désormais à l'histoire officielle, nous nous ferons, en la citant comme trait final, l'écho de l'Empereur attristé : 各該省局卡征收稅項官吏、隱匿入己、爲數甚巨、弊端百出、盡飽私囊、以致徵多報少、於國課毫無裨益、似此含混欺飾、實堪痛恨、« Les détournements frauduleux des mandarins « préposés aux douanes de toutes ces provinces sont très « considérables. Ces fonctionnaires ont usé de mille fourberies pour remplir leurs poches. Ils ont fait des recettes « importantes et n'ont rendu compte que d'une faible partie « de ces sommes, de telle sorte que les revenus de l'Empire « n'y trouvent nul profit. Un tel désordre, une telle supercherie, sont en vérité dignes de douleur et de réprobation. »

D. — IMPÔTS (1).

Double tableau.

Nous terminerons ces notes sur les 13 préfectures du *Ngan-hoei* par un double tableau. Le premier donnera le détail du tribut imposé à chaque district ; l'autre comparera ce tribut aux fonds imposés. Bien que ces impôts fonciers ne soient pas toujours fixés en raison directe de la fertilité des terrains qu'ils grèvent, on pourra cependant, croyons-nous, concevoir d'après eux, une idée assez exacte de la richesse relative de ces contrées, en faisant abstraction toutefois de l'importance de leur population, difficile à déterminer exactement.

---

(1) Voici sur les différentes sortes d'impôts mentionnés dans nos tableaux, quelques explications nécessaires tirées de l'ouvrage du Père P. Hoang *De legali dominio practicæ notiones. Art. V. De tributo imperiali.*

1. L'impôt ou tribut 漕糧 *Tsao-liang* porte sur les terres à riz (田 *vulgo* 水田 terres irriguées), et se paie en riz décortiqué. La quantité fixée pour chaque arpent (畝) est censée proportionnée à la fécondité de la terre imposée, et varie, pour la province du *Ngan-hoei*, entre 0 石, 0021 (2 *ko* 合 1 *cho* 勺), et 0 石, 059 (5 *cheng* 升 9 *ko* 合). Il se paie dans les deux derniers mois de l'année. Les dites terres à riz paient en outre l'impôt défini au paragraphe suivant.

2. Le tribut 地丁銀 *Ti-ting-yn (alias* 白銀 ou 條銀 ou 忙銀 *Mang-yn)* est imposé aux terres d'une façon générale et se paie en argent. Avant 1728, cette taxe participait de l'impôt foncier et de la capitation, d'où lui est venu son nom. La quotité fixée pour chaque arpent varie comme celle du tribut en riz, pour le *Ngan-hoei*, son *minimum* est de 0 T., 009 (9 *li* 釐) son *maximum* de 0 T., 13 (1 *ts'ien* 錢 3 *fen* 分). Il se paie en deux échéances (上忙 et 下忙), vers la 2de et la 7e lune.

3. L'impôt 蘆課銀 *Lou-ko-yn* porte sur les terres nouvelles qui sont censées ne produire encore que des roseaux; il se paie en argent et est fort léger, mais variable, comme les précédents, d'un lieu à un autre. Les terres rangées dans cette catégorie ne paient pas d'autre impôt.

Les frais faits par les sous-préfets pour la perception de l'impôt les autorisent à percevoir une surtaxe d'environ mille sapèques par *che* de riz (hectolitre, exactement 103 lit. 10), et de 600 sap. par taël (兩 once d'argent, exactement 38 gr. 32), pour les deux premières sortes d'impôts.

Outre les terres ordinaires appelées vulgairement 民田 *Ming-t'ien* auxquelles s'appliquent les principes qui précèdent, il existe au *Ngan-hoei* comme ailleurs d'autres terres dites 屯田 *T'oen-t'ien (alias* 軍田 *Kiun-t'ien)* appartenant jadis à des colonies militaires, et grevées souvent d'assez lourdes charges en argent, et parfois en grains.

Parlant en général, les terres qui sont chargées de deux impôts paient ordinairement de 500 à 900 sapèques par arpent; les autres de 20 à 400.

Les éléments de ce tableau m'ont été fournis par les Chroniques générales (通志) du *Ngan-hoei*, édition de 1878. Les chiffres recueillis dans l'Annuaire des mandarins (搢紳錄) de 1889 sont à très peu de chose près les mêmes pour la partie du tribut à acquitter en numéraire : mais n'ayant sans doute point été corrigés depuis longtemps, ceux qui concernent le tribut soldé en riz, sont environ moitié moindres que ceux portés par les Chroniques. *Sources.*

I. TABLEAU DU TRIBUT PAR DÉPARTEMENT ET ARRONDISSEMENT (1).

INTENDANCE DU *WAN-NAN*. (徽寧池太廣道)

Préfectures.	Districts.	TRIBUT EN				
		Argent (en Taëls)			Riz	Fèves
		丁銀	Varia (2).	屯田	(en 石)	(en 石)
		T	T		pic.	pic.
Hoei-tcheou.	Hi-hien	55 795,34	159,76		7 567,34	420,14
	Hieou-ning	43 570,36	100,95		6 208,10	342,50
	Ou-yuen	37 612,55	58,66		6 587,00	365,04
	K'i-men	17 034,43	69,87		2 767,73	154,62
	I-hien	15 413,92	61,87		2 677,70	147,50
	Tsi-k'i	18 734,56	203,00		3 530,20	195,00
Total.		T 188 161,16	T 654,11		pic. 29 338,07	pic. 1 624,80
		T	T		pic.	pic.
Ning-kouo.	Siuen-tch'eng	80 575,70	422,84		28 651,34	3 192,21
	King-hien	26 592,30	18,03		9 582,59	1 707,93
	Nan-ling	40 675,50	57,00		9 972,82	1 765,86
	Ning-kouo	20 198,13	17,69		5 379,36	883,83
	Tsing-té	17 553,43	12,75		3 937,27	707,33
	T'ai-p'ing	10 833,97	11,19		4 585,62	843,97
Total.		T 196 429,03	T 539,53		pic. 62 109,00	pic. 9 101,13

(1) Comme on aura pu le voir, nous avons souvent pris le mot préfecture dans le sens de département; les mots sous-préfecture, district, dans le sens d'arrondissement.

(2) Cette dénomination embrasse plusieurs contributions accessoires, telles que droits de pêche (魚課), droits sur le thé (茶課), sur l'alun (礬課), sur les chanvres (白 et 黄麻), le fer, les plumes, le vin, etc.; elle comprend aussi la location de certains terrains publics, maisons, herbages (房地租, 草塲租) et divers.

Préfectures.	Districts.	TRIBUT EN				
		Argent (en Taëls)			Riz	Fèves
		丁銀	Varia	屯田	(en 石)	(en 石)
		T	T	T	pic.	pic.
Tch'e-tcheou.	Koei-tch'e	28 355,02	354,93		16 460,42	2 031,60
	Ts'ing-yang	19 924,89	17,93		11 097,87	1 361,88
	T'ong-ling	16 255,56	76,40		11 185,27	1 363,13
	Che-tai	9 537,19	23,99		2 419,99	1 556,34
	Kien-té	10 198,59	10,94	5 472,63	6 395,65	984,02
	Tong-lieou	7 879,16	230,14	240,71	4 349,84	504,28
Total.		T 92 150,41	T 714,33	T 5 713,34	pic. 51 909,04	pic. 7 801,25
		T	T	T	pic.	pic.
T'ai-p'ing	T'ang-t'ou	71 911,86	2 161,09	307,53	23 317,02 11,91	1 480,48
	Ou-hou	29 455,31	1 922,31	232,31	8 673,99	477,10
	Fan-tch'ang	17 967,81	712,61		4 971,39	250,63
Total.		T 119 334,98	T 4 796,01	T 539,84	pic 36 962,40 11,91	pic. 2 208,21
		T	T		pic.	pic.
Koang-té.	Koang-té	23 625,92	6,82		8 452,66	932,14
	Kien-p'ing	26 249,41	97,61		5 312,14	620,88
Total.		T 59 875,33	T 104,33		pic. 13 764,80	pic. 1 553,02

INTENDANCE DE *NGAN-K'ING*. (安廬滁和道)

Préfectures.	Districts.	TRIBUT EN						
		Argent (Taëls)			Riz. (石)		Blé ou fèves. (石)	
		丁銀	Varia.	屯田	漕糧	屯田		屯田
		T	T		pic.			
Ngan-k'ing.	Hoai-ning	30 971,73	673,30		18 553,33			
	T'ong-tch'eng	37 109,76	1 467,84		21 628,56			
	Ts'ien-chan	25 464,12	44,58		15 051,46			
	T'ai-hou	30 619,03	85,53		21 002,03			
	Sou-song	28 354,72	1 119,93		21 523,38			
	Wang-kiang	19 436,99	1 146,13		13 094,28			
Total.		T 171 956,35	T 4 537,31		pic. 110 853,04			

Préfectures.	Districts.	TRIBUT EN Argent (Taëls) 丁銀	Varia.	屯田	Riz (石) 漕糧	屯田	Blé ou fèves (石)	屯田
		T	T	T	pic.	pic.	pic.	
Liu-tcheou.	Ho-fei	65 536,39	546,84	1 039,18 12,24	14 194,36		501,83	
	Liu-kiang	26 241,00	102,24		5 936,07		152,50	
	Chou-tch'eng	32 612,09	94,25		5 505,45		150,63	
	Ou-wei-tcheou	46 186,14	532,85	1 500,44	12 828,57	11 956,46		
	Tch'ao	25 886,18	465,56	551,35	2 728,38	2 954,83		
otal.		T 196 461,80	T 1 741,74	T 3 090,97 12,24	pic. 41 192,83	pic. 14 911,29	pic. 804,96 blé	pic. 227,34 blé
Tch'ou-tcheou.	Tch'ou-tcheou	T 21 345,18	T 663,95	T 3 508,12 92,58	pic. 232,44 2,99	pic. 11 814,73	pic. 330,42	pic. 670,09
	Ts'iuen-tsiao	19 856,72	780,05	5 731,45 29,74	188,39	15 621,63	260,94	
	Lai-ngan	13 568,06	43,33	3 333,58 27,27	196,73	10 365,91	300,20	50,68
otal.		T 54 769,96	T 1 487,33	T 12 573,15 149,59	pic. 617,56 2,99	pic. 37 802,27	pic. 891,56 fèves	pic. 720,77 fèves
Ho-tcheou.	Ho-tcheou	T 33 313,29	T 2 289,48	T 6 086,53 41,83	pic. 3 835,32	pic. 15 491,44		
	Han-chan	17 234,22	93,32	1 166,17 3,00	1 398,42	5 303,23		
otal.		T 50 547,51	T 2 382,80	T 7 252,80 44,83	pic. 5 233,74	pic. 20 794,67		

INTENDANCE DE *FONG-YANG*. (鳳穎道)

Préfectures.	Districts.	TRIBUT EN Argent (Taëls) 丁銀	Varia.	屯田	Riz (en 石) 漕糧	屯田	Blé ou fèves (石)	屯田
		T	T	T	pic.	pic.	pic.	
Fong-yang-fou.	Fong-yang	12 226,81	419,24	2 274,27 9,86	2 260,79	589,87		
	Lin-hoai hiang	14 885,16	2 871,21	703,40 2,72	2 717,82	520,66		
	Hoai-yuen	29 702,84	334,84	2 840,08 53,20	6 933,33	54,57	318,75	
	Ting-yuen	29 036,22 1 479,87	673,25 308,79	6 186,56 9,65	6 270,63 6 226,39	112,04	20,63 1 155,01 2 558,37	

Préfectures.	Districts.	TRIBUT EN						
		Argent (Taëls)			Riz (en 石)		Blé ou fèves (石)	
		丁銀	Varia.	屯田	漕糧	屯田		屯田
Fong-yang-fou.		T	T	T	pic.	pic.	pic.	
	Cheou-tcheou	35 411,56	1 349,52	7 129,39 / 2,74	3 257,59	13	391,48	
	Fong-t'ai	14 543,39	44,59	1 775,64 / 12,43	262,48		553,85	
	Sou-tcheou	26 083,42	52,21		7 095,19		1 951,93	
	Ling-pi	20 653,60	61,21		2 113,43			
		T	T	T	pic.	pic.	pic.	
Total.		182 543,00 / 1 479,87	5 806,07 / 308,79	20 909,34 / 90,61	30 911,26 / 6 226,39	1 277,29	4 371,02 / 2 558,37 / 20,63	
Yng-tcheou-fou.		T	T	T	pic.	pic.	pic.	pic.
	Feou-yang	45 519,21	649,47	17 189,59	4 745,69 / 16,76			
	Yng-chang	18 408.21	164,02	3 351,90	410,89			
	Ho-k'ieou	20 335,13	81,81	984,79 / 26,35	2 539,93	245,62		245,62
	Po-tcheou	20 860,87	2 083,18	10 511,73	2 188,40 / 168,16		178,07 / 13,91	
	Kouo-yang	17 023,44 / 48,01		477,60	1 460,92		430,94	
	T'ai-ho	21 543,28	16,67		1 919,60			
	Mong-tch'eng	16 403,88 / 146,52	106,58	24,50 / 3,36	595,36	6,98	573,75	6,98
		T	T	T	pic.	pic.	pic.	pic.
Total.		160 094,02 / 194,53	3 101,73	32 540,11 / 29,71	13 860,79 / 184,92	252,60	1 182,76 / 13,91	252,60
Lou ngan.		T	T	T	pic.		pic.	
	Lou-ngan	36 571,75	620,27	4 914,84	7 167,95		678,63	
	Yng-chan	7 519,98			1 508,49			
	Ho-chan	12 997,99	43,13		1 728,05		82,65	
		T	T	T	pic.		pic.	
Total.		57 089,72	663,40	4 914,84	10 404,49		761,28	
Se-tcheou.		T	T	T	pic.	pic.	pic.	pic.
	Se-tcheou	19 785,88 / 7 184,14	903,01 / 7,88	6,52	932,16		1 025,63 / 609,80	
	Hiu-i	22 263,82	643,96	42,03	3 540,81		843,78	
	T'ien-tch'ang	25 626,82	225,87	4 498,02 / 33,02	2 470,87	7 899,90	182,83	
	Ou-ho	5 990,61	70,80	833,63 / 374,30 / 28,00	914,22		318,32	534,72
		T	T	T	pic.	pic.	pic.	pic.
Total.		80 851,27	1 851,52	5 754,50 / 61,02	7 858,06	7 899,90	2 980,36	534,72

II. TABLEAU DU TRIBUT COMPARÉ AUX FONDS IMPOSÉS.

Avant de donner le tableau raisonné de l'impôt foncier grevant le territoire des treize préfectures du *Ngan-hoei* nous mettrons sous les yeux du lecteur un résumé de ces chiffres, en y comprenant les droits dits *Lou-k'o* (蘆 課), imposés aux terrains qui produisent des roseaux.

	Terres soumises à divers tributs.	Contenance de ces terres.	TRIBUT PAYÉ EN		
			Argent.	Riz.	Blé et fèves.
1	Terres payant les tributs 丁銀 et 漕糧	畝 33 204 334,59	T 1 640 627,94	石 421 441,29	石 35 873,26
2	Terres militaires, ou 屯田	3 157 418,42	93 676,79	82 938,02	1 735,43
3	Terres à roseaux, ou 蘆地	3 199 702,00	50 575,24	—	—
	Total.	畝 39 561 455,01 ou 2 756 982,41 hect	T 1 784 879,97	石 504 379,31	石 37 608,69

Note. Les 33 millions de *meou* (environ 23 000 kilom. carrés) de la 1ère catégorie représentent en réalité une surface beaucoup plus considérable : ce chiffre exprime en effet *la contenance des terres de diverses natures, réduites à l'unité agraire au point de vue des tributs* 丁 銀 et 漕 糧, c'est à dire au *meou* de *champs à riz* ou 田. Le tableau suivant offrira pour les différentes préfectures, les limites entre lesquelles varient dans les divers districts, ces valeurs comparées. L'on verra par exemple qu'au *Ning-kouo-fou*, les *terres sèches* (地) paient 2 à 3 fois moins de tribut que les *champs à riz ;* les montagnes (山) 4 à 12 fois moins; et ainsi du reste. Dès lors, pour obtenir la *contenance vraie, ou géographique* des terres imposées dans cette préfecture, il nous faudrait multiplier par leurs coefficients réciproques, chacun des nombres partiels dont se compose la somme totale de 2 779 746 *meou* (1).

(1) Bien que les proportions de cette étude ne me permettent pas d'entrer dans de plus grands détails sur les impôts du *Ngan-hoei*, j'ajouterai un mot sur le revenu du sel. Ce service, monopolisé par le gouvernement chinois, qui en livre l'exploitation à des fermiers, est réglé de la façon suivante pour notre province: La région du *Tché-kiang* approvisionne les préfectures de *Hoei-tcheou-fou* et de *Koang-té-tcheou*, auxquelles elle fournit 219 082 mesures *Yn*. La région du Fleuve envoie 216 792 *Yn* aux préfectures de *Ngan-k'ing-fou* (part.), de *Ning-kouo-fou*, *Tch'e-tcheou-fou*, *T'ai-p'ing-fou*, *Tch'ou-tcheou* (part.), *Ho-tcheou*. La région de la rivière *Hoai* fournit 192 534 *Yn* à *Ngan-k'ing-fou* (part.), *Liu-tcheou-fou*, *Fong-yang-fou*, (part.), *Yng-tcheou-fou*, *Tch'ou-tcheou* (part.), *Lou-ngan-tcheou* et *Se-tcheou*. Enfin celle du *Chan-tong* envoyait naguère 30 893 *Yn* à la sous-préfecture de *Sou-tcheou*. — Soit, chaque année, une somme totale de 659 301 *Yn*, à laquelle il convient d'ajouter les quantités considérables de sel vendu en contrebande. La mesure *Yn* a varié suivant les temps et les pays : en 1850 et 1865, elle a été fixée a 600 livres chinoises pour la région du fleuve Bleu.

* Préfectures et caractéristiques.	Terres imposées en 丁銀 et 漕糧 — Nature.	Terres imposées en 丁銀 et 漕糧 — Contenance supputée suivant la réduction ci-après.	Quantité des divers terrains :	Equivalant pour l'impôt à :
Ngan-k'ing-fou. 浮質儉約人物清華 (要。繁 難)	成熟田塘	頃 畝 21 517 21	—	—
Hoei-tcheou-fou. 朴實勤儉四民安業 (要。繁 疲 難)	田地山塘	20 559 73,05	地 $1^m,35$ à $1^m,85$ 山 2,30 à 7,07 塘 0,84 à 1,56	=1m 田
Ning-kouo-fou. 土廣人庶穀阜民安 (中。繁 難)	田地山塘蕩陂	27 797 46,62	地 2 à 3 山 4 à 12 灘地 24 蕩陂 12 塘 2 à 4	=1m 田
Tch'e-tcheou-fou. 井邑平曠民氣湻和 (中。疲)	田地山塘基地	7 134 93 16 03	地 1,89 à 4 山 4,86 à 19,60 塘 1,65 à 7,01 基地 2,87 à 4 蘆洲 6,66 山塘 5 塘地 2	=1m 田
T'ai-p'ing-fou. 土質而靜民儉且湻 (簡。不繁)	田地山塘湖蕩池灘	14 608 07,13	地 1,19 à 2 山 2 à 32,57 塘 3 à 23,25 灘田 1,32 灘地 2,72 荒田 2,68 荒地 4,03 湖蕩 7,87 池 11,49	=1m 田
Liu-tcheou-fou. 土民朴質賤商貴農 (中。難)	田地山塘溝灘圩田	66 478 06,50	地 1 à 1,50 塘 1 柴山 7,54 草山 15,08 山灘 14,06 塘溝 2,72	=1m 田

* Les éléments de ce tableau sont tirés de l'édition déjà citée du *Ngan-hoei-t'ong-tche*, à l'exception des *Caractéristiques* et des deux chiffres sur les *Examens littéraires*.

Le premier de ces chiffres, fourni par le 搢紳全書 indique le nombre des bacheliers reçus à chaque session dans leurs sous-préfectures respectives. Ce chiffre étant fixé a priori et d'ailleurs étant loin d'être proportionné au nom-

TRIBUT			Terres 屯田	TRIBUT			Nombre des candidats reçus aux Examens.		
En argent.	En riz.	Blé ou fèves.	Contenance.	Argent.	Riz.	Blé.	Bacc.	Licence. 1889	Licence. 1891
T	石	石	頃畝	T	石	石			
171 956,35 4 537,31	110 853,04	—	—	—	—	—	196	10	16
188 161,16 654,11	29 338,07	1 624,80	—	—	—	—	214	14	6
196 429,03 539,53	62 109	9 101,13	—	—	—	—	174	13	11
92 150,41 714,33	51 909,04	7 801,25	539 14,92	5 713,34	—	—	140	2	3
119 334,98 4 796,01	36 962,40 11,91	2 208,21	166 42,53	539,84	—	—	81	1	1
196 461,80 1 741,74	41 192,83	804,96	2 292 04,03	3 090,97 12,24	14 911,29	227,34	115	11	7

re des candidats qui se présentent dans chaque district, ne peut donner une dée exacte de la valeur relative des lettrés des différentes régions.

Cette valeur est fournie par le chiffre suivant, résultat du concours de 889 aux examens de licence du *Kiang-nan :* le *Ngan-hoei* a obtenu 67 lauréats épartis comme ci-dessus, et le *Kiang-sou* en a eu 108. En 1891 le *Ngan-hoei* 'a compté que 53 licenciés.

Préfectures et caractéristiques.	Terres imposées en 丁銀 et 漕糧 — Nature.	Terres imposées en 丁銀 et 漕糧 — Contenance supputée suivant la réduction ci-après.	Quantité des divers terrains :	Equivalant pour l'impôt à :
		頃畝		
Fong-yang-fou. 民俗湻朴殊敦右誼 (中要。繁疲難)	田 地	87 880 38 69	中田地 1, 50 下田地 2 中則地 1, 51 下則地 2, 34	=1m 上田 =1m 上地
Yng-tcheou-fou. 民湻訟繁物產豐饒 (要。繁疲難)	地 田	42 117 57, 04	中地 2 下地 5	=1m 上地
Tch'ou-tcheou. 湻厚而和習尙勤儉 (中。繁)	田 山 塘	5 661 43,99 171	山 7, 50 塘 1, 20	=1m 田
Ho-tcheou. 民質儉約 (中。繁疲)	田 地 山 塘	4 840 00,63	地 1, 36 山 6, 05 塘 3, 07 中田 1,306 下田 1,935 草地 3, 62 官山 4, 07 官塘 2, 25	=1m 田 =1m 上田
Koang-té-tcheou. 敦從節儉務本重農 (中。繁難)	成 熟 田	10 314 05,56		
Lou-ngan-tcheou. 民俗頗勤 (要。繁疲難)	田 地 山 塘	16 635 72,97	地 1, 18 à 2,12 塘 1, 11 à 1,19 塘山 3, 83 官塘 2, 44 柴山 1, 18 麥山 1, 79 章山 2, 07	=1m 田
Se-tcheou. 民俗湻厚 (要。疲難)	田 地	6 311 65,41		
Total des 13 préfectures.		頃畝 332 043 34,59		

TRIBUT			Terres 屯田	TRIBUT			Nombre des candidats reçus aux Examens.		
En argent.	En riz.	Blé ou fèves.	Contenance.	Argent.	Riz.	Blé.	Bacc.	Licence. 1889	Licence. 1891
T	石	石	頃 畝	T	石	石	石		
184 022,87 6 114,86	37 137,65	6 950,02	3 815 11,06	20 909,34 90,61	1 277,29	—	144	6	4
160 288,55 3 101,73	14 045,71	1 196,67	8 219 67,01	32 540,11 29,71	252,60	252,60	118	1	1
54 769,96 1 487,33	617,56 2,99	891,56	7 960 37,81	12 573,15 149,59	37 802,27	720,77	52	2	1
50 547,51 2 382,80	5 233,74	—	4 494 73,22	7 252,70 44,83	20 794,67	—	40	1	—
59 875,33 104,33	13 764,80	1 553,0[illegible]	—	—	—	—	45	1	—
57 089,72 663,40	10 404,49	761,28	2 056 56,79	4 914,84	—	—	57	2	—
80 851,27 1 851,52	7 858,06	2 980,36	2 030 11,05	5 754,50 61,02	7 899,90	534,72	65	3	3
T 640 627,94	石 421 441,29	石 35 873,26	頃 畝 31 574 18,42	T 93 676,79	石 82 938,02	石 1735,43	1441 bac.	67 lic	53 lic.

E. — LISTE

DES NOMS GÉOGRAPHIQUES.

Pour faciliter la recherche des localités, les plus importantes du *Ngan-hoei*, nous avons cru nécessaire de dresser une liste alphabétique des noms cités dans la présente étude. Les tracés au pointillé faits sur la carte de la province permettront d'embrasser d'un coup d'œil le réseau des principales routes indiquées par les Guides indigènes.

Je ferai précéder cette liste d'un tableau préliminaire donnant le sens des désinences les plus fréquemment employées dans la géographie du *Ngan-hoei*.

I. TABLEAU DES DÉSINENCES.

沙 *Cha* sable.
山 *Chan* montagne.
哨 *Chao* compagnie.
市 *Che* marché.
石 *Che* pierre.
舍 *Ché* cabane.
首 *Cheou* tête.
水 *Choei* cours d'eau.
墅 *Chou* ferme.
樹 *Chou* arbre.
阪 *Fan* digue.
畈 *Fan* champ.
坂 *Fan* tertre.
坊 *Fang* boutique.
房 *Fang* maison.
阜 *Feou* monticule.
峯 *Fong* sommet.
府 *Fou* ville de 1ère classe.
洑 *Fou* remou.
垾 *Han* digue.
後 *Heou* derrière.
鄉 *Hiang* campagne.
縣 *Hien* ville de 3e classe.
河 *Ho* rivière.
隍 *Hoang* fossé.
荒 *Hoang* terre inculte.
滙 *Hoei* confluent.
湖 *Hou* lac.
滸 *Hou* rive.
驛 *I* relai de poste.
壖 *Joan* terrain près des remparts.
岡 *Kang* sommet.
亢 *Kang* cou.
埂 *Keng* fossé.
阬 *K'eng* fosse.
溝 *Keou* canal dans les champs.
口 *K'eou* bouche.
磯 *Ki* écueil.
岐 *K'i* bifurcation.
溪 *K'i* torrent.
家 *Kia* famille.
卡 *Kia* douane.
夾 *Kia* passe.
界 *Kiai* limite.
街 *Kiai* rue.
江 *Kiang* fleuve.
港 *Kiang* bras de rivière.
橋 *K'iao* pont.
嶠 *K'iao* arête.
堨 *Kié* estacade.
澗 *Kien* cours d'eau entre deux montagnes.
邱 *K'ieou* colline,
頸 *King* cou.
角 *Kio* corne.
腳 *Kio* pied.
埧 *Kiu* digue.
閣 *Ko* pavillon.
館 *Koan* hôtel.
關 *Koan* barrière.
宮 *Kong* palais.
公 *Kong* monsieur.
谷 *Kou* vallée.
國 *Kouo* royaume.
欄 *Lan* barrière.
樓 *Leou* étage.
里 *Li* stade.
梁 *Liang* pont.
潦 *Liao* ruisseau.
流 *Lieou* cours d'eau.
溜 *Lieou* endroit d'où l'eau coule.
林 *Lin* forêt.
嶺 *Ling* passage dans les montagnes.
龍 *Long* dragon.
壟 *Long* digue.
路 *Lou* route.
爐 *Lou* fourneau.
碼頭 *Ma-t'eou* port, quai.
門 *Men* porte.
廟 *Miao* pagode.
木 *Mou* arbre.
南 *Nan* sud.
岸 *Ngan* rive.
庵 *Ngan* monastère.
泥 *Ni* boue.
窩 *Ouo* nid.
垻 *Pa* digue.
牌 *P'ai* monument.
堡 *Pao* village fortifié.
北 *Pé* nord.

碑 *Pei* inscription lapidaire.
陂 *Pi* chaussée.
坪 *P'ing* terrain uni.
棚 *P'ong* case.
埠 *Pou* quai.
鋪 *P'ou* boutique.
坡 *P'ouo* digue.
司 *Se* canton.
寺 *Se* pagode.
祠 *Se* temple des ancêtres.
西 *Si* ouest.
汛 *Sin* station militaire.
塔 *T'a* tour.
臺 *T'ai* terrasse.
坦 *T'an* plaine.
潭 *T'an* gouffre.
灘 *T'an* banc de sable.
蕩 *T'ang* marais.
堂 *T'ang* temple.
塘 *T'ang* chausée.
道 *Tao* voie.
套 *T'ao* haut-fond.
閘 *Tcha* écluse.
汊 *Tch'a* bifurcation.
砦 *Tchai* retranchement.
寨 *Tchai* palissade.
站 *Tchan* station.
場 *Tch'ang* aire.
廠 *Tch'ang* chantier.
沚 *Tche* îlot.
池 *Tch'e* étang.
鎮 *Tchen* bourg.
城 *Tch'eng* remparts de ville.
州 *Tch'eou* ville de 2e classe.
洲 *Tcheou* île.
川 *Tch'oan* fleuve.
莊 *Tchoang* ferme.
沖 *Tchong* eau bouillonnante.
渚 *Tchou* îlot.
頭 *T'eou* tête.
堤 *Ti* chaussée.
地 *Ti* terre.
店 *Tien* auberge.
殿 *Tien* temple.
田 *T'ien* champ.
頂 *Ting* sommet.
町 *Ting* terre inculte.
亭 *T'ing* pavillon.
廳 *T'ing* salle.
疃 *Toan* terrain inculte.
堆 *Toei* monceau.
墩 *Toen* monticule.
屯 *Toen* colonie militaire.
東 *Tong* est.
洞 *Tong* caverne.
渡 *Tou* bac.
土 *T'ou* terre.
投 *Touo* créneau.
倉 *Ts'ang* grenier.
子 *Tse* fils ; *finale*.
集 *Tsi* marché.
尖 *Tsien* pointe.
淺 *Ts'ien* gué.
前 *Ts'ien* devant.
津 *Tsin* gué.
井 *Tsing* puits.
清 *Ts'ing* eau limpide.
泉 *Ts'iuen* source.
嘴 *Tsoei* promontoire.
座 *Tsouo* siège.
村 *Ts'uen* village.
灣 *Wan* tournant de rivière.
衛 *Wei* poste militaire.
窩 *Wo* nid.
崖 *Yai* bord d'une montagne.
洋 *Yang* mer.
陽 *Yang* sud.
窰 *Yao* four à briques.
巖 *Yen* montagne à pic.
堰 *Yen* digue.
陰 *Yn* nord.
營 *Yn* camp, digue.
圩 *Yu* digue.
源 *Yuen* fontaine.
園 *Yuen* jardin.

Il est bon d'observer que parfois plusieurs de ces finales sont, en vertu de la coutume, librement échangées entre elles : par ex. certains noms prennent indifféremment comme finale le caractère 店, ou 集, ou 鎮. D'autres se suppriment : cela se fait d'ordinaire quand le nom de localité est suffisamment déterminé : c'est ainsi qu'on dit le plus souvent 珠 龍 橋, sans ajouter le mot 鎮. La suppression des finales indiquant un poste officiel est la règle habituelle dans la conversation : les mots 汛, 司, 驛 sont dans ce cas.

Notons en terminant que pour plusieurs noms géographiques, les variantes d'écriture qui se rencontrent dans les meilleurs ouvrages, rendent impossible la fixation de leur orthographe. Nous ne devons pas sur ce point nous montrer plus difficiles que les Chinois, et je me contenterai de noter en passant quelques unes de ces anomalies.

II. NOMS GÉOGRAPHIQUES (1).

(1) Les chiffres indiquent les pages.

www.ingramcontent.com/pod-product-compliance
Ingram Content Group UK Ltd.
Pitfield, Milton Keynes, MK11 3LW, UK
UKHW020343230726
13925UKWH00003B/935